扬华人物　青春榜样

——西南交通大学优秀学生访谈录

（第一辑）

主　编　高平平

副主编　邓秀芸　雍　腾

西南交通大学出版社

成 都

图书在版编目（CIP）数据

扬华人物　青春榜样：西南交通大学优秀学生访谈录. 第一辑 / 高平平主编. —成都：西南交通大学出版社，2020.8

ISBN 978-7-5643-7520-1

Ⅰ. ①扬… Ⅱ. ①高… Ⅲ. ①大学生 - 访问记 - 成都 - 现代 - 文集 Ⅳ. ①K828.4-53

中国版本图书馆 CIP 数据核字（2020）第 143344 号

Yanghua Renwu　Qingchun Bangyang
—Xinan Jiaotong Daxue Youxiu Xuesheng Fangtanlu (Di-yi Ji)

扬华人物　青春榜样

——西南交通大学优秀学生访谈录（第一辑）

主编　高平平

责任编辑	罗爱林
封面设计	原创动力
出版发行	西南交通大学出版社 （四川省成都市金牛区二环路北一段 111 号 西南交通大学创新大厦 21 楼）
发行部电话	028-87600564　028-87600533
邮政编码	610031
网址	http://www.xnjdcbs.com
印刷	四川煤田地质制图印刷厂
成品尺寸	170 mm × 230 mm
印张	14.5
字数	236 千
版次	2020 年 8 月第 1 版
印次	2020 年 8 月第 1 次
书号	ISBN 978-7-5643-7520-1
定价	58.00 元

编委会

主　编　高平平

副主编　邓秀芸　雍　腾

编　委　宋　刚　李　毅　张军琪　邢晓鹏

胡安辉　谭春燕　米　艳　孙亚男

王雯婷　侯　倩　马芷荃　郭　杨

陈一宁　鲍　娟　柯　妍　孙睿琰

史凝睿　唐聪睿　袁文林　黄　洁

序言

对标优秀　力行成长

成长，是青春最美好的模样。

这是一本由大学生采访并撰写的人物访谈集，欢迎你来采撷一段同龄人的奋斗时光，感悟他们成长路上的付出与收获。这里没有刻板教条的成功学，没有千篇一律的心灵鸡汤，也没有高高在上的说教指责；这里是身边人、身边事，是平凡生活中努力发光的痕迹，是每时每刻发生在校园里的蜕变。

书中的“扬华人物”在大学里通常被称为“优秀学生”。优秀的评判标准见仁见智，那么在大家眼中，什么样的学生才能够被称作“优秀”？是拥有厚厚的获奖证书、高额的奖学金、顶尖大学的深造名额吗？书中的人物会用自己的经历告诉你，你看到的不过是水面之上的冰山，不过是奋斗过后的水到渠成。

为山九仞，岂一日之功，优秀的本质是一种习惯。一位哲人曾说过：“我们每个人都是由自己一再重复的行为所铸造的。”优秀不是一种行为，更不是一个结果，而是一份坚持。习惯的养成，离不开明晰的目标、自律的生活、阳光的心态，离不开对挫折的体验、对生活的感悟。这些

“扬华人物”的优秀也不例外，耀眼的表面下真正闪光的是内里的丰厚和踏实。

大学，绝不仅仅是教你怎样做事，而是教你怎样做人，教你找到自己、成为自己。视野、胸怀、责任、担当……四年一定会在你的思想和行动上留下深刻的烙印。大学对“优秀”的追求更高，对“榜样”的定义更多样。书中的他们堪称榜样，正是因为他们在大学里进行了真正有效的自我提升，在促进德智体美劳全面发展的努力中，实现了对“竢实扬华、自强不息”的个性化实践。优秀不以他人的评判为标准，人生行囊多一分厚重，便是脚踏实地的成长。

习近平总书记曾对青年学子建功新时代提出殷切希望，希望青年学子既“勤学、修德、明辨、笃实”，又“爱国、励志、求真、力行”。青春是用来奋斗的，是用来圆梦的。希望同学们在阅读中能有所思、有所感、有所悟，更能对标优秀、追求卓越，在“竢实扬华”中感受成长的魅力。

西南交通大学党委副书记　[签名]

目录 CONTENTS

PART1 夏天集

PART2 望岳

PART3 热　风

PART4 寻梦者

PART5
青 春

PART 1
夏天集

在隆冬
我终于知道：
在我身上，
有一个不可战胜的夏天。

——阿贝尔·加缪《夏天集》

蒋鹏远：致春天一般的你

蒋鹏远　2017—2018学年“竢实扬华奖章”获得者。2015级电气工程学院电气工程及其自动化专业学生。曾获2017年美国大学生数学建模竞赛国际一等奖、2017年MathorCup大学生数学建模挑战赛国家一等奖等奖项。大学期间共获各类奖学金8次，多次荣获“三好学生标兵”荣誉称号。毕业后去往东南大学深造。

致蒋鹏远：

展信佳。

青春正好，学校里的花开得真美，一想到明年此时再看不到这株我熟悉的海棠，竟开始埋怨春风不那么温柔。于是我便想写封信给你，想为你在这春天留下点什么，留下关于你的青春印记。

我是你书桌旁的高达

我在想或许我们惺惺相惜是有原因的，自恋地认为我们同样勇敢又强大，所以才能在彼此的心间留下姓名。

你从繁重的中学学业森林中走来，迷雾却依然缭绕，即使那时候你的脸庞还带有中学时代的稚嫩，却好似一只无所畏惧的独角兽，偶然寻到了树叶缝隙里透过来的光，便决定冲出这片迷雾森林，清晰地向着新的征途奔去——免研。

看着你定下目标后，我一点儿也不担心你会迷茫，毕竟你早就找到了自己，早就找到了最好的指路牌。果然，从此以后你便按下了“三点一线”的生活开关，耐得住平淡生活的孤独与枯燥，却不曾踟蹰。

我的目光，一直落在你身上。

只有我知道你从白昼到夜晚时间流过的每一个模样，我见证着你保研综合成绩98.1分背后的400余张A4纸和39份要点中，付出的每一分努力与认真。也许在别人眼中的你耀眼无比或者差些意思，但你我都明白，优秀的意义并不在于成果公布于世时的赞赏或批评，而是四下无人的自觉与习惯以及独处时澎湃的热血。

非常荣幸，我能在书桌这一小方天地目睹最真实的你，脚踏实地的你。

我想，你不在我眼前的时候，步伐应该也很坚定。

在新生数学建模讲座上，你与数学建模从此结缘。第一次便崭露头角拿下新秀杯一等奖，又顺风顺水地摘下五一建模竞赛一等奖。荣誉接踵而至：国家奖学金、曹建猷学生奖、唐立新奖学金……你凭借努力和胆识一步步接近自己心中的模样。

不过那一次的经历也令你难忘吧！2016年11月的全国大学生数学建模竞赛中，明明没有懈怠，但是与预期成绩实在相差甚远。这种失落像一场突如其来的倾盆大雨，劈头盖脸地砸得生疼。

沉没在低沉中，你趴在桌上，长期握笔的手把住我，小心翼翼地捧在手心。这时候我能感知到，你心中沸腾的火苗从未停息。一年后，你的身影重现赛场，在一等奖的证书写上你的姓名，在奖杯上印上你的指纹。你笑着说："不虚此行。"

只有我知道你高冷外表下的沸腾活力，就好像一座随时喷发的活火山一样，平静之下暗流涌动，蓄势只等喷薄而出的那一刻。当你面对疑难时的坚定与不退缩，当你接受诸多意见坚持自我，当你谦逊平和地看着人生起落涨幅，这些你藏在冷静外表下的心绪被一束暖光撬开，我看见滚滚岩浆匍匐在地脉深处，不断升温蓄力。

非常感激，我能在台灯的照耀里看见内心灼热的你，追逐梦想的你。

我是你握在手中的奶茶

每一个藏在光与影中的你，都是我记忆里最柔软的部分。

蒸腾着烟火气，你流连在夜市灯盏明亮的小铺中，左手拿着一杯芋圆焦糖奶茶，右手还牢牢端着一碗撒着翠绿葱花的狼牙土豆。我就喜欢你认真玩、放开玩的样子，心里只装着正在做的那一件事儿，没有其他顾忌，这才是真正的无拘无束与平和淡然。

生活就像挤在奶茶底部的芋圆、波霸、西米、红豆，你不知道自己下一口喝到的会是什么，也许满满的料，也许寥寥一颗，甚至会在进嘴时调皮一下呛你一口。

比如说一周唯一一次去图书馆却恰好没有开门。

比如说期末复习模电看了三天不考的部分。

比如说做电路实验时没有波形显示，绞尽脑汁检查了一个小时，结果却发现是一条连接线内部线头断了。

回想起来是否还想着捂脸哭这个表情呢?

不过，若是不添加这些可爱的小插曲，奶茶会不会没有那么好喝?

刚喝下一口芝士奶盖，奶沫顺滑过喉，绵密柔滑，就像初进交大时面对全新的课程，没有太多磕磕绊绊，适应期这个词与你没有太大的关系。抱着轻松“佛系”的心态，你跃过台阶水塘，大一年级便排名第一。从来不会让力争上游的执迷，窒息你求知的欲望；从来不会让自我反思的抑郁，成为你前进的阻碍。

努力和上进是你在同学面前留下的最深的印象，于是有同学好奇道：“感觉你像世外高人一样，你吃不吃饭啊？”

只有我清楚，你既能学好又能玩好。在向学弟学妹介绍经验总结时，你说坚持学习的应对之策是善于去规划。颜如玉、黄金屋自然迷人，可再美的风景也会看腻。劳逸结合，周末的一场电影、一顿美食，都是对自己的最好犒劳。像自如的风，穿过静谧图书馆的木质书架，也穿过热闹街市的霓虹灯光，在静与闹、孤独与合群之间，找到了一个适合的比例或节奏，是配比刚好的奶茶，三分甜不腻。

最爱书香与奶茶香味儿一起沉淀。

我是针头

相逢一面，却是我千回百转的回念。

我静静地躺在药箱里，只能窥见缝隙穿过的一丝光亮。在揭开药箱拆开包装之前，我无数次幻想过我为之完成使命的那个人会是谁，他是男是女是老是少，会是什么模样。直到你映入我的眼帘。

你生病了，脸色并不好，但还是硬撑着，还要看书查资料。我很疑惑，什么事情那么重要，就算生病了也要咬着牙做下去？人类都是这样有个性吗?

我刺破你手背皮肤的一瞬间，仿佛与你心意相通，一瞬间无数情感与信息乘着血液而来，密密麻麻地涌入我的意识海洋。心疼，又敬佩。

我大概理解了你的执念。“竢实扬华”这轻飘飘的几个字，不过是舌头与嘴唇碰撞就能发出的几个音节，却在你心中碾下了深刻痕迹。你明白它的分量，但也明白以自己目前的身体状况没办法争取到。好无力啊！在朋友面前展露轻快笑颜的你，深夜也会为了这件事而纠结和难过，会犹豫会伤楚……

后来，你的同学们轮流来看望你，日夜守候，就好像一群燕雀，机灵又充满活力，给病房增添了不少生气。你不是一个人。你的老师和同学一直陪伴在你身边，与你心意相通。他们积极地帮你准备资料，帮你找寻答辩中的出彩点，帮你提供修改意见，为你精心地一点一点修改PPT和演讲稿……

其实当并不算太熟络的同学，温柔又耐心地陪伴守候着你的时候，你总会露出腼腆感激的笑容。原本陷入低气压的心，又变得赤忱坚定起来，鲜活地跳动，好似久旱逢甘霖的鱼，终究会溯回生命之源。没有过多的交情，但一切尽在不言中，自然又融洽。

我心里突然涌上一个希冀：好想看你伸展有力翅膀，意气风发，拥抱鲜花和赞赏的模样。

后来听说你拿到奖了，这是当然的啊！我更明白支撑你的一定是来自同学、朋友、亲人、老师的脉脉温情吧！

到这我的使命也就完成啦。我会永远记得你皮肤下血液的温度，你脉搏跳动的频率……还有你。

絮絮叨叨这么多，谢谢你看到这里。我到底是谁其实并不重要，重要的是看着你在这片土地上枝繁叶茂，我真心为你感到欢喜！祝你诸事顺遂，喜乐平安！

记者｜唐聪睿　马芷荃　王宇哲

编辑｜马芷荃

张家维：一颗匠心的淬火琢世

张家维 2017—2018学年“竢实扬华奖章”获得者。2015级机械工程学院机械设计制造及其自动化专业学生。曾被评为四川省优秀毕业生，两次荣获中国大学生起重机创意大赛国家一等奖和二等奖，共获奖学金6次、“三好学生标兵”2次。毕业后去往哈尔滨工业大学深造。

在《庄子·达生》中，有个人叫作工倕，是尧舜时代的能工巧匠，被人称为“百工之首”，他不用借助工具就能准确地画出方和圆，干活的时候操纵自如，每次都会达到忘我的境界。

于是庄子感慨：“故其灵台一而不桎。”专注于一点，内心没有什么桎梏，因此灵感无穷。在张家维眼中，匠心即如此，即耐下心来，追求专业与极致。

“胆小”的勇者

在隆冬，知道自己身上有一个不可战胜的夏天。

“你眼中的自己是什么性格呢？”

“胆小。”

在我们眼里，这个大男孩与“胆小”这个词一点儿也沾不上边。可张家维口中的自己，是一个有些内向却喜欢探索的人。他用自己的行动冲破禁锢，一笔一画改写我们心中定义的“胆小”与“内向”。

队友眼里的他俨然是“严格”的代名词，可这份执拗也是他一次次在比赛中大放光彩的助推器。该自己做的事情就绝对做完，不做到让自己满意的程度绝不“善罢甘休”，偏执于更完美的结果，不让任何偏差成为整圆的缺口。

每次竞赛前他都通宵达旦，陪伴着他的是不知道设计过多少次的方案，纸张的书卷气倒也让人焦虑难眠。换过一支又一支墨芯的笔是一柄长木勺，米白的纸张是一口大铜锅，思绪与灵感在里面熬着，咕噜咕噜地冒泡儿，少年便逮住泡泡慢慢摇上来的时机，奏出一首献给夜的温柔的歌，从锅里熬出夜的独特香味儿萦绕鼻尖，这是他才能闻到的味道。

想出来的方案是灵感的馈赠，是熬夜的交换。张家维甚至在理发店里睡着了好几次，最后还是被理发师傅给叫醒的。

匠心

匠：匚（fāng），盛放工具的筐；斤（jīn），斧。背筐里放着斧头等工具，表示从事木工。

而“匠”的另一种解释，不过是把自己框起来，对自己“斤斤计较”而已。

“美好家园下，实现‘樱桃自由’。”在拿到机械创新设计大赛的主题“美好家园”后，张家维陷入了沉思。

不同于山东的大樱桃，小樱桃要难摘得多。在省赛的几百支队伍里面只有一两支队伍和他们一样是摘小樱桃的。即使放眼全国，小樱桃也是棘手的难题，好像全身长满了刺儿的玫瑰，没有人能拿下它。

这是一个严峻的现实，它跳出来拦在路中间，冷冷地嘲笑道：“此路不通！”

现实要他放弃，他偏不。

于是，氤氲着匠气，温养着匠心，匠人哺血，一种“夹扭式樱桃仿生采摘器”诞生了。

荆棘密布，张家维的团队并非一帆风顺。樱桃和树枝长得非常结实，樱桃都凑热闹似的攒成一团，傲娇地将他们最开始的“滚筒式樱桃采摘器”拒之门外。为了找到症结所在，切实帮助农民解决采摘问题，他们踩遍了周边瓜果飘香的每一寸土地。头顶着炽热的烈日，脚踩着沟壑的田土，用手去细细抚摸树干的老茧、樱桃的肌理……倏地一下明朗起来：模仿人手的灵活！不过方寸，却精致玲珑，机器转动的每一度，都有迹可循。

木石走路，青铜开口；阴阳造化，匠心其中。

就这样，张家维迎来了一个又一个小可爱：“伸缩切割草莓采摘器”“带空间自锁结构的电动车抬升装置”……与世界心有灵犀一点通的背后，是队友、老师、学校铺成的长长鹊桥，驮着他遨游星群。

火石

一块朴石，不声不语，在山崖间，沐风栉雨，从不羡慕名声大噪的奇石，从不渴望沸腾的呼声，临渊不惧，众人终将发现它朴实外表下的流光溢彩。

“很高兴能得到‘竢实扬华奖章’、得到大家的肯定。真正答辩的时候感觉有没有获奖已经不重要了，这本身就是一个成长的过程。”张家维说道。为了这次答辩，他准备了一个月，PPT修改了六版。最简单的音调，需要最刻苦的练习。屏幕投影上几个字的细微变动，都是他对完美的追求与信仰。

“我知道自己的PPT做得不是很好，但我告诉自己要全力以赴，不问结果。”

答辩台上的几分钟聚焦的不只是众人的目光，还有他的努力。在全场灯光的沐浴下，抛开名利杂念，只余全神贯注，如置苍翠松间、巍峨山巅，踏上忘我的境界。庄子有一言：“故其灵台一而不桎。”专注于一点，内心没有什么桎梏，因此灵感无穷。这种专注忘我的境界，其实就是匠心的体现。

火石是地球行星发动机的能源，推动着地球向无垠宇宙前进；张家维自己就是一颗火石，内核里燃烧的是对学习永恒的热爱、对研究不懈的信念、对科学亘古的忠诚。内敛、沉稳是区别于他人的火焰，张家维用他奔跑的昂扬姿态，不知何时，拉下长长的影子，朝着浩瀚天边开启征程。火中石从不渺小和短暂，相反，少年执着一瞬便是永远。

淬火　浴水
捧上匠心的献礼
一笔一痕向世界雕琢
方寸之间是万象森罗无声诉说

记者｜唐聪睿　王宇哲
编辑｜马芷荃

陈琦：
夏日莫吉托女孩

陈琦　2016—2017学年“竢实扬华奖章”获得者。2014级物理科学与技术学院电子信息科学与技术专业学生。从年级前十名进步到年级前两名，从“一无所有”到拥有近30项荣誉奖励、5万元奖学金。志愿服务时间超过1000小时，累计总筹资4万余元。成为交大5年来电子信息科学与技术（电磁场方向）专业第一位保送北大硕士的学生。

古巴哈瓦那桌红木面上，一杯通体透明的莫吉托，一点清澈的苏打水，一点浓烈的朗姆酒，一点温柔的蔗糖，一点倔强的青柠，一点妙趣的薄荷叶。

水珠遇到了你，幻化成形；我们在冰水打湿的空气里，看见了你。

慕兰潭朗姆也芬芳不过一颗勇敢的心

成绩上的领先，工作上的领头，用“领导者”一词来描述陈琦或许再合适不过。

她是交大近5年来电子信息科学与技术（电磁场方向）专业第一位被保送到北大的学生，她从年级前十名进步到年级前两名，从“一无所有”到拥有近30项荣誉奖励、5万元奖学金。她还是物理青协的会长、宿舍管理委员会办公部部长和辅导员助理。

作为一个团队的领导者，陈琦是细腻的，在努力帮助团队成员找到“归属感”的背后，是她对每个人情绪变化的关心。她将自己的经验用心传授给他人，在别人眼里，她永远认真负责、值得信赖。当谈及什么是优秀的个体时，她表示：“一个优秀的人，要有开阔的视野，去关注新鲜事物，不要太刻板，在时间一定的情况下提高自己的效率，其实我们是可以去做很多事情的。”

正是有了勇往直前的信念，陈琦从一个默默无闻的队员，一个初出茅庐的新生，变成了一个被大家称赞的领导者，一个不断努力向优秀靠近、勇敢追求的榜样。

“入口前的芳香，入口时的浓烈，来人见你，总是勇往直前的模样。”

一颗方糖不顾一切地温润融化

作为一个热忱活跃、亲力亲为的志愿者，陈琦的志愿服务时间超过1000小时，累计总筹资4万余元。她不仅是浓烈的朗姆，更拥有一颗温暖的内心。

“令我印象最深刻的是我们去贵州支教的一次活动，我们经历了很多不可思议的瞬间。上山的路非常窄，感觉一不小心就会被甩进山谷里。晚上我们睡在空教室的地板上，有时还会有停水停电的困扰。每天很早就要起床，即使这样，还要准时去上课。在那里我们遇到了一个家庭条件很差的孩子，妈妈瘫痪了，爸爸眼睛看不见，连最基本的生活也无法自理。后来我们便联系相关人士对他进行长期帮扶。”

陈琦感受过义卖后捐助凉山州留守儿童的欣慰，也目睹过校长看着孩子坐在地上吃饭时脸上滑过的无奈。泪水和欢笑，她都曾见过，可她都扛了下来。在收获了一次次的感动之后，她并没有将志愿队伍当作一个简单的社团：“能和一群志同道合的朋友一起为了一件事情努力真的很有意义，我在那些优秀的同伴身上学到了很多。”

陈琦与志同道合的伙伴一起参加了军训服义卖、小学支教、“双铁心”义诊、弱能儿童帮扶、国际少年儿童交流营等各种活动，越走，心便越赤忱。

“初入口的莫吉托，还混着一丝朗姆的浓烈，但总有一抹清甜抚平这份冲劲，亦如陈琦坚毅的外表下不乏柔软的内心。”

当青柠的酸涩刺激燥热的烈

现实少不了的丝丝酸涩刺痛着陈琦热烈的心，可是她却毫不在意。坚韧无畏是她的本能，精勤不倦是她的选择。

“处在什么阶段就应该去做什么事情，人生要靠自己去争取。”相比于无事可做的“负罪感”，陈琦更偏好用努力充实自己。“效率”和

“交流”是她面对困难时最常提的两个词。不论是同老师的学术探讨，还是与朋友的私下聚会，陈琦总能在谈话中汲取新鲜事物，用自己的理解力萃取精华。

咬牙坚持学习和参加活动在浮躁中的平衡，这个“不安分”的少女似乎一刻也不停歇。正如陈琦所说“精于提炼，勤于雕琢”，她是高效率的追逐者，从不允许自己在迷雾混沌的不确定中频频回首。迅速摸索与消化的本能，让困苦磨砺成为另一种提升。

“我始终相信迈出第一步，后面的九十九步就会变得不那么难。”相比于爬山时亲近自然的归属感，她更乐于体悟疲惫艰辛后存留的过程感和存在感。

“勇气因热爱而生，坚毅与热血相伴，朗姆酒的烈性学会融合青柠的酸涩，少女的内心也因此变得耐人寻味。”

一片属于薄荷叶的有趣

什么是有趣？是一次看似不可能的“零元生存”？是一场笃定坚毅的徒步旅行？还是科研、文学、党建、舞蹈、体育全方位的挑战？

陈琦会用“有趣大概是一种个性，是对任何事充满激情，对尝试毫不犹豫，乐观勇敢地迈出每一步”来回答。

她期待亲密关系中的心有灵犀，也不畏惧想法上的背道而驰。她自嘲不是“老实”的科研人，有渴望创业的激情，却也不满足于拖延浮躁的生活状态，憧憬一份从容、沉着的沉淀归属。

“最先衰老的不是你的容颜，而是你那身奋不顾身的闯劲。”生命不息，热血仍沸，陈琦的奔跑从未停止。

问起“改变”，懂得豁达是陈琦4年来最大的突破。“人生活得‘随意’一些，不过分在意小的细节，自己的心情才会更舒坦。”

“薄荷的清爽回味在酒里，也在杯沿。陈琦的有趣在言语之间，更像沸腾的血、不羁的骨。”

你，有酒的烈，有糖的甜，有青柠的酸，有薄荷的凉，是烈性与清爽的融合过渡到苦涩后的清爽。原来你，是这杯夏日的莫吉托，连6月都留下了你的名字。

记者｜李雨畔　郭杨
编辑｜许文婷

沈成：
叫醒你的不是梦想，是热爱

沈成　2016—2017学年“竢实扬华奖章”获得者。2014级生命科学与工程学院生物工程专业学生。曾获各类奖学金共8次，参与过国家级大学生创新训练项目及香港中文大学深圳研究院实习项目，并斩获全国大学生数学建模竞赛四川省二等奖。毕业后去往北京生命科学研究所-北京协和医学院联合培养项目深造。

我们邀约采访时，沈成正在北京生命科学研究所做毕业设计。首都的深夜较成都寒冷许多，但他对生命医学研究的热情与向往伴着实验室的灯光给人以温暖和力量。

当野心成就不了你的时候，热爱却可以

沈成是生物工程系建系以来第一个转入的本科生；一年内修10余门大一年级课程，同时学习大二课程，修读11门实验课，提前学习三年级课程，申请攻读双学位；受理社团日常事务，近乎奉献出每个夜晚……

难以想象，接近满绩的成绩是他创造的奇迹。

“当然力不从心啊，作业都很难写完。可是这么多事，应该没人能轻松完成吧。没必要因为这个就怀疑自己，继续尽力去做就是了。”

他认为，不管多累，把自己喜欢的事情用心做到极致，就圆满了。

明知这是一场苦历练，你会不会来

从小扎根的兴趣，让沈成与生命科学有了丝丝缕缕的联系。因小时的一些病症，他常与医生接触，他对生命体运行机理的兴趣就这样慢慢产生了。

高考成绩的不如意使他被迫放弃学医的执念。而一年以后，当转专业的机会来临，他转入生命科学与工程学院的念头便坚定不移了。

“转专业这件事情，不想归不想，可一旦有了这个想法，就怎么也压不下去了。不转的话，可能这辈子也没机会学生物了。”说到身边大多数同学的不解和疑惑，他笑道。

现在他忆起往昔惬意淡然，仿佛在说着与己无关的事情，但是当时他

却经历了大一年级尾声近2个月的煎熬，那动力源于对内心所爱的一份追求。不想对所谓的热门专业趋之若鹜，他在生命学院带着最初的热爱，从零开始，轻身远行。

凡是过往，皆为序章

接着沈成又吐槽起自己数学建模的“悲惨经历”。“从参加新秀杯开始，我把最低的奖项拿了个遍，有三等奖就拿三等奖，有参与奖就拿参与奖。”至于能进入国赛，那都是和大佬组队的结果：“还没找到大佬，大佬们就出乎意料地向我抛出了橄榄枝。”从他嘴里说出来，努力仿佛都不辛苦，所有的失败都不沮丧。

把失败讲成段子，把平淡活出精彩。沈成轻描淡写的背后却是我们看不到的艰辛。他的乐观与随性淡化了这一切，所有过往都在谈笑中烟消云散。

一个阳光的人，要把光芒洒向更加开阔的远方

沈成在大二留任社团联合会，他希望自己能为交大众多社团做出贡献，让同学们的兴趣爱好在更好的平台中发展。他每晚的时间几乎都奉献给社联办公室，经手审批的经费多达10余万元。社团事务加上学业任务的重担，他概括出一个描述自己的定律——“薛定谔的饭”：明天来临之前，永远不知道自己有没有时间好好吃早饭、午饭。

不仅如此，他还撑起了“西南交通大学大学生生命科学学会”。在社联工作期间，沈成发现近百个社团中并没有一个与生命学院十分贴合，便开始独自招募成员，创建起了大学生生命科学学会。从无到有，一年内该协会举办了大大小小的比赛、讲座和交流活动近10次，增加了同学们对生物的认识、理解与热爱。他说，这是他作为“生命人”无可推卸的责任。

人生必须知道负责任的苦处，才能知道尽责任的乐趣。做喜欢的事，

结交兴趣相投的好友，沈成付出的辛苦对他而言终究是幸福的。

也是在第三学年，他受聘生命学院朋辈导师，数十次步入新生寝室，开交流会，分享大学经验。那些天，他频频出现在南区五栋八栋，他笑道："入学没几天，（生命学院2016级）新生都知道这一届有个很凶的'朋导'。"

"很多时候，为了做真正想做的事情，要做很多并不想做的事情。那些当时并不乐意去完成的事，往往也非常有意义，也非常值得认真去做。"

"还有一些事我们改变不了，可以选择奋不顾身、牺牲你觉得可以放弃的一切去达到目标，也可以换一种方式，以另一种大家都能接受的方式去实现。两种途径，没有孰优孰劣，还是要看个人怎样抉择"，沈成说道。

这两点，是他在学生工作中最大的感悟。

平淡，乃绚烂之极也

那些看似轻佻浑不懔而深处传递着本真观念的事物，总是对得上沈成的胃口。"类似于《暴走大事件》《脱口秀大会》这类节目，通过幽默风趣的表现形式，表达深刻的价值取向或积极的社会态度。"也许就像他本人，表面段子满口，实则内心平静又有想法。

"我是一个高冷而安静的人"，说到这里，他自己笑出了声，"不过有人的时候基本是个话痨"。采访他就像和一个有趣的朋友聊天，他有烦恼、有失败、有牢骚，也有过什么都不会的竞赛经历。他明明逗乐得像个谐星，还自我定位为"高冷"。我们难以将眼前的他与简历中那一长串奖项联系在一起。

他还有一个脱口秀梦，"'竢实扬华奖章'评选过程中，跟其他候选人也成了很好的朋友。我们还一度考虑创立一个脱口秀社团，只是无疾而终了，还比较遗憾"。

我化尘埃飞扬，追寻赤裸逆翔

沈成选择北京协和医学院和北京生命科学研究所联合培养项目继续深造。坐落在六环之外的研究所，远离市区的喧嚣，带给他内心期盼的宁静氛围。谈起未来，他选择了科研道路。从复杂疾病的表象入手，寻找深层次的致病机理，尽力结合临床治疗环节，解决患者病痛的困扰，就是他的梦想。

真正的坚守没有人给予你任何承诺，流逝的只是岁月，孑存的还有信念，苍凉中看似无望的守候，维系意志的只有心中的一往无前。用沈成自己的话说："愿你找到心中所爱，让青春在热爱与责任中绽放。"

记者｜刘钰杰　徐林溪　韩芳平

编辑｜韩芳平

范景腾：挥墨书不尽

范景腾　2017—2018学年“竢实扬华奖章”获得者。2015级信息科学与技术学院轨道交通信号与控制专业学生。连续3年专业成绩第一，保研成绩95.73分。曾连续3次获得国家奖学金，参加各类科创竞赛10余次，获得奖金超过3万元。毕业后在西南交通大学深造。

四维水墨

「学业的广度」

“大一专业第一，大二专业第一，大三还是专业第一，保研成绩95.73，年平均分稳步上升，至大三为全院最高分；连续3次获得国家奖学金，兼获各届一等综合奖学金。”

「情感的厚度」

“热爱专业，专业课程精品资料覆盖2016级轨道全部同学；整理学习复习资料，为同学答疑解惑，对象包括研究生；开学典礼上代表老生对话新生。”

「意志的韧度」

“注重学习细节，习题、考试作答被老师选作参考答案；智能汽车竞赛，完成四驱万向轮目标——距离自动控制技术攻关；承担2019级智能汽车校队培训指导任务；参加各类科创竞赛10余次，获得奖金超过3万元。”

「行动的力度」

“参加海外实践学习，参与大数据算法和云计算应用课题；学业帮扶，组织创办‘见贤竢齐’学习经验交流活动；带领身边同学一起进步。”

一路奔跑，一路收获，离不开的，是坚持。“坚持能够体现一个人的心理状态，也是个人能力的判据与体现。”他将坚持视为竢实扬华最不可或缺的精神。“我至今都记得，第一次做高数作业时，面对崭新的习题册，一道题也不会做的感觉。”

学霸也不是生来就会做题，不会又该怎么办呢？用范景腾的话说，就是“死磕到底”。跟知识“死磕”，亦是跟自己“死磕”，细节同样是他要紧握的。为了抠论文中几个小小的字眼，他会反反复复查看参考资料，然后推敲、修改，直到完成他心中最好的论文。

“看书，做题，理解，总结，一步步，是急不来的。”太多人在这般枯燥循环中选择了放弃，范景腾却始终如一。在他看来，坚持也是一种能力，坚持学习，坚持做科创，坚持时间管理，坚持读书……范景腾几乎将坚持用到了极致。

物有本末，事有终始，知所先后，则近道矣。

四维成长，涵括了范景腾对着墨的认知与践行。

卷外人间

“不读书即为井底之蛙。”他笑着告诉我们。知识的增长与眼界的开阔是一点一点积累的过程，知道得越多，才明白知道得越少。

他热爱阅读，更爱“悦”读，与书本的“互动式交流”使书外的世界带来了写意人被“圈禁”后的自由，从而席卷出卷外的意境。他善于将自己代入一个个鲜活的角色，细细体味书中人物的喜怒哀乐。

“我与同龄人最大的不同大概就是国学了吧，可以说它成就了现在的我。”于《大学》中领悟在明明德；于诸子百家中体味其广博。他亦尝试着忘掉其他人的见解看法，以一种空白的、全新的姿态去读书，用自己独立的思考得出独一无二的见解。

“初中高中，学物理生物，也学历史地理，我们知识的圆是均匀扩大的。上了大学之后，我们都选择了自己喜爱的专业，便着重于朝这一点发力，攻坚克难。于是，圆被打破了，从中生长出了一个尖尖角。”

这不仅说明了我们专业领域知识的进步，更应该意识到的是我们思考问题的角度变得单一、面积也变得狭窄了。而看书恰恰能弥补其他领域的缺失，让我们的思想变得更加饱满、丰富，而不至于成为井底之蛙。

每一次的反省也是进步的开始，范景腾格外善于看清事物的两面性。当提及获得“竢实扬华奖章”的感想时，他直言自己获奖并不意味着“完美”。在他心中，奖章的获得只是学校对于他大学生活所取得的一系列成果的肯定，承认了他的努力与汗水，而透过这些，他更应该思考的是自己在哪些方面做得还不够好，哪些方面还可以提高。

寄蜉蝣于天地，渺沧海之一粟。在新加坡国立大学的学习经历让范景腾更深刻地意识到自己的渺小，便产生了留在交大攻读本专业博士学位的决定。

“在我看来，现在的自己也许还没有绝对的把握在国外陌生且紧张的环境中取得优异的成绩，因此在国内继续学习专业知识来装备、提升自己是更好的选择。”

他虽有遗憾，却并不后悔。

“再给你一次机会，你会如何选择？”

“我不要这次机会。”他笑着说。

谦逊坚定，思虑周到，不骄不躁，如同落笔绘极精，挥墨书不尽，寻意待无穷。

“知止而后有定，定而后能静，静而后能安，安而后能虑，虑而后能得。”寻意，是卷中剥离的迷雾，亦是卷外席卷的人间。

笔落无渝

“就如同我初挫于竞赛时所想的：总会有那一天。”

他从未放弃过任何梦想，也时刻牢记自己的初心。“‘大学之道，在明明德，在亲民，在止于至善。’这就是我的初心、我正在做的。”

他说，他很喜欢TFboys，喜欢他们身上新时代年轻人特有的鲜活与积极。

一首《舒适圈》，或许是歌里主人公对外婆的深厚情感引起了范景腾心底的共鸣，亦或许是范景腾太像那个渴望知道天有多高、追赶世界的少年。一句“我离开你，在地图上飞行，每一厘米，离你几千公里”是范景腾对家长存的依恋与归属感。

他极懂感恩，感恩学校在“知、情、意、行”四个维度对他的培养，感恩父母的支持与鼓励。他不曾忘记自己为何取得如今的成就。

我们相信，范景腾在泼墨山水人生之时，心中始终挂念着的是国学的仁义礼智信，是故乡的温热，是初心长存的热忱与坚定。

日新月异　沧海桑田
他仍以古朴之心
解世事沉浮
写意之人
山水依旧

记者｜于籍尧　柯妍　陈一宁
编辑｜郭杨

顾天宇：他是自己的掌舵人

顾天宇　2017—2018学年“竢实扬华奖章”获得者。2015级土木工程学院土木工程专业学生。共获得3次特等奖学金，并蝉联国家奖学金，大一时获唐立新奖学金，各项奖学金总金额达7万多元。曾获2018年第四届四川省结构设计大赛全省第一，美国土木工程师协会（ASCE）混凝土轻舟赛太平洋赛区第六名。毕业后去往同济大学深造。

别在树下徘徊，别在雨中沉思，别在黑暗中落泪。

向前看，不要回头，

此刻的阴霾不过是短暂的雨季。

向前看，还有一片明亮的天，

不会使人感到彷徨。

——莎士比亚《暴风雨》

生命之海，无边无际。如果有一天当你醒来，发现自己孤身一人躺在一艘小船上，眼前是一望无际的海面，只有周围泛起的粼粼波光和头顶偶尔飞过的几只海鸥。如果现在要你掌舵，每一个方向都是通往人生的不同可能性，你会怎样选择？

心之所向

如果是顾天宇，他会向着自己认定的终点一路远航，纵使风浪让他偏离航道，终点的方向，却早已铭刻在他的心上。

“我从不考虑平衡，统统全力以赴”，这是顾天宇对如何平衡学习、竞赛、学生工作之间关系的回答。之所以从不考虑平衡，是因为他知道哪些事情值得花时间、哪些事情必须花精力。顾天宇给人的第一印象是平易近人，偶尔带有玩笑的采访回答很难让你将他与一个大一学年每天坚持上自习的“拼命三郎”联系在一起，也许必须很努力才能看起来毫不费力。

土木工程并不是顾天宇最初的志愿，痴迷于文学的他起初想报新闻专业。由于种种原因，他最终选择了这条属于土木人的路。这条路上，顾天宇曾有过犹豫，也曾有过彷徨，但他从未停止前行。自决定的那一刻起，他就已经做好了选择——“低姿态进入，高标准要求”。

以下是顾天宇大一学年某个月的作息表。

作息表

时　间	任　务
7：30	起床
上午	满课
中午	校话剧团排练
下午	满课
19：30-21：30	12·9合唱团排练
21：30-22：30	二教自习
22：30—第二天凌晨2：00	七教自习

在顾天宇的眼中，如果将所有事情按重要程度排序，学习永远处于第一位。“花在学习上的时间一定要比花在其他地方的时间多。”顾天宇从大一到大四的信条打造出了这个对生活极其自律、对专业课极尽钻研的土木人，“大学期间有太多事情需要你花时间，学习永远是最划算的那个，只要你肯付出时间，就一定会有收获”。他总是牺牲自己的休息时间去补足未完成的学业和社团工作。七教自习室里，每天与顾天宇一同自习到凌晨的，还有同为“竢实扬华奖章”获得者的陈晓庆。也许只有夜空中的星星才清楚地看到他们起身离开七教时的那份满足。

顾天宇的眼中闪耀着坚定的光，他知道自己前行的方向。

风雨兼程

生活中总有暴风雨来临，冰冷的雨点和翻腾的海浪拼命地打在小船上，有一个身影，毅然站在船舵前，面对轰隆的雷声与呼啸的狂风，与暴风雨做着最顽强的斗争。

2017年5月到2018年4月，顾天宇参加了结构设计国赛选拔和第四届四川省大学生结构设计竞赛。数月时间里，顾天宇和队友吃在四教睡在四教，时长高达16个小时的模型，他们前后共做了80余个，通宵早已变成家常便饭。前往攀枝花比赛的前一晚，他们准备的模型在加载中突然垮塌，这份生日礼物令顾天宇终生难忘。面对这样的突发状况，顾天宇和队友连夜重新制作，最终赶在火车出发前完成了模型。

2016年12月至2018年4月，顾天宇备战并参加了由美国土木工程师协会举办的混凝土轻舟赛。由于学校之前没有参赛经历，拓荒之路更是曲折且艰难。每周3次的混凝土实验、每月5次的划船健身训练、百来页规则的翻译研读、数十份往届优秀设计书的研究、精心搭建的施工养护厂房、费尽心血做出的3条实验小船和2艘比赛大船、纯英文口语答辩和评委问答、签证和住宿的办理与预订，顾天宇和队友完成了一个几乎不可能完成的项目。“轻舟赛用的船壁厚度不到1厘米”，顾天宇轻松语调的背后，是他惊人的工作记录：365天休息10天，7天内通宵4天，整月睡在寝室3天，赛前连续工作48小时。

村上春树说过：“有希望之处定有磨炼。”顾天宇用傲人的成绩证明了自己和队友的优秀——结构设计大赛全省第一，混凝土轻舟赛太平洋赛区第六名。而他本人也成为我校2015级土木工程学院土木工程专业结构工程方向专业第一，顺利保研至同济大学。

对顾天宇而言，正是接连不断地磨炼，让他冲破风雨，挣脱羁绊，迎来希望的曙光。

星辰闪耀

累的时候就停下来看看，海面有无数颗星星，在见证你的奋斗与成长。

2018年是顾天宇在土木新闻中心的第四年。他希望自己在新闻工作中拥有更加深刻的目光，拥有超越新闻本身的认识，能够将点滴生活化作笔尖的墨迹，定格社会的发展变迁。顾天宇积极与其他媒体组织交流心得，推进整个土木学院新媒体的全面发展。

谈到最喜欢的文学作品时，顾天宇饶有兴趣地搬出了他珍藏已久的独特世界，伊塔洛・卡尔维诺、弗兰兹・卡夫卡等作家是他最初探索文学世界的引路人。除了阅读，顾天宇的另一大爱好是电影。大学期间优秀的院线电影，顾天宇总会抽出时间到影院观看。“我觉得坐在那里就是一种休息。”《天堂电影院》是顾天宇最爱的故事片。不难发现，不论文学作品还是电影作品，顾天宇都格外青睐传奇色彩。

也许正因他相信传奇，才能在风雨的磨砺中创造传奇。

虹之彼岸

当彼岸突然出现在你的眼前，你会发现，曾经的付出都是值得的。

顾天宇第一次发现生命的无限可能性是在唐立新奖学金的评选过程中。大一期间没有参加过多竞赛，也没有做太多学生工作，答辩前所有人都告诉顾天宇：“获奖就不用想了，就是去试一试。”那天，顾天宇穿着西装，坐在大学物理的期中考场上奋笔疾书，考完就直接去答辩。“这次得奖的经历让我觉得自己完成了一件一点希望都没有的事。这件事让我发觉自己的可能性是无限的，之后信心的树立也得益于这次答辩。”也许幸运是诠释天赋的代名词，但只有努力让自己从无名幼苗长成参天大树，才可以开出幸运之花。初出茅庐，不谙世事，却怀着一颗如火焰般迸发激情的心。缺乏经验，手足无措，却也能在优秀者中绽放独特光芒。

顾天宇对“竢实扬华”的解读，就是静待果实成熟。顾天宇的每一次选择，每一个坚持，都在为最终的结果积蓄能量。他用自己全部的时间和精力，向着心中的终点，扬帆远航。

海天相接
褐色土地上留下两行深陷的脚印
亦或许
是深刻着的两行勋章

记者｜鲍娟　董文韬
编辑｜王貌　刘劲楠

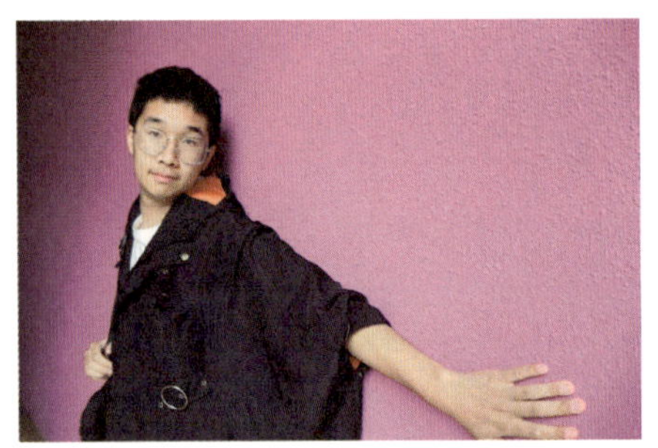

刘雪飞：生命可承受之重

刘雪飞 2017—2018学年“竢实扬华奖章”获得者。2015级生命科学与工程学院生物工程专业学生。半数必修课成绩90分以上，保研分数专业第一。曾获全国大学生电工数学建模竞赛一等奖、全国大学生数学建模竞赛四川省二等奖。毕业后去往中山大学深造。

生活三大必需品——水、空气、食物。

生命再多加一项——责任，亦作承担。

我曾是最后一名

3年前的那个夏天，刘雪飞以压线的成绩进入西南交通大学。庆幸之余，他坦言，与机会伴随而来的是与日俱增的压力。笔记本上密密麻麻的标识、课后讨论时思维碰撞擦出的火花、无数个静谧的夜晚，他在重压之下努力汲取知识的养分，只待时机到来，破土而出。星光不问赶路人，时光不负有心人，3年宵旰攻苦，让刘雪飞以半数必修课90分以上，保研分数专业第一的优异成绩成功逆袭，进入中山大学肿瘤防治中心深造。

与多数初入大学校园的学子一样，刘雪飞的大学生活始于懵懂的摸索与试探之中。“刚进入大学时目标并不是很清晰，我喜欢尽可能多地尝试不同的事情，再确定我真正想要做什么”，刘雪飞仔细回忆到。于是，刘雪飞将自己的时间仔细切割：学生会、班级工作、课题设计……这些，都是他探索路上看到的风景，他会为交出一个新颖的策划案而冥思苦想，也曾为一个又一个的课题而彻夜不眠。

“‘走一步看一步’有时并没有错，没有必要把自己陷入一个框架里面，尝试了之后你才会发现，最开始给自己定的那条路未必是最适合自己的，或许在其他路上你会发现更多面的自己。”

在刘雪飞眼中，迷茫是常态，所以无须感到惊慌和恐惧，重要的是如何与迷茫共处，并且通过试错来缩短迷茫的时间。

被调剂进入生命学院对于他来说是意外的惊喜，在外行人眼中，这个专业总是带着些冷冰冰的疏离感，总是与冰冷的玻璃仪器和精密的测量机器相伴，就连研究的课题也都如空中楼阁般可望而不可即。但经过进一步的学习与了解，刘雪飞发现，“生物工程”其实是个如春雨般润物细无声的专业，它不断于细微之处推动着科技的进步。

“生物真的是一个有太多奥秘的学科，我能从中看到很多我们想象不到的东西。”

作为一个生命人，这是属于他的领域，他在这里扎根、生长，将自己献给生命，用时光去探索生命。

这条路，我走了太多遍

刘雪飞的科研竞赛之路，其实走得并不顺畅。大二时，他曾多次参加数学建模竞赛，却只斩获了二等奖和三等奖。没能达到预期的目标不免让他心生沮丧，而放弃的念头也在他心中悄然滋长。可当刘雪飞站在七教四楼长久凝望着“竢实扬华”碑时，他忽然间就明白了，太在乎得失成败便会戴上纠结与悲观的枷锁，唯有以一颗平常之心淡然处之，才能保持一颗开朗乐观的心。

于是，越挫越勇的他重整旗鼓。接下来的日子里，他将“第十四届五一数学建模竞赛”一等奖、“全国大学生电工数学建模竞赛”一等奖、“全国大学生电工数学建模竞赛”一等奖、“全国大学生电工数学建模竞赛”一等奖、四川省“全国大学生数学建模竞赛”一等奖、“四川省大学生生命之星科技邀请赛”二等奖等奖项收入囊中，不计成本的付出终于给他带来了不可计数的回报。而建模比赛中担当写手积累的经验让他在以后的学术论文写作方面得心应手，对编程的熟练也成为他研究生涯的最强辅助。

刘雪飞曾在答辩中提到过一个有趣的比喻：数学建模是“快餐”——短战线，效率高；而生命之星则是“大餐”——长战线，过程艰难，需要颇具创新性的点子，还要在一次次实验中测试它们的可行性，甚至连仪器的采买都要自己去完成。

“这是一场持久战，看你能不能挺过这一关，挺不过去的话，项目在中途就失败了。我见过很多这样的例子，可能最开始报名的有100组，最后能交上作品的只有20组，不是所有人都能坚持下去。”

刘雪飞用实验室里一个个灯火通明的夜晚作交换，成为他口中的“五分之一”。“痛并快乐着”，他这么形容自己的科研之路。在他看来，如果他没有经历过这种痛苦，他也得不到喜悦感，快乐正是因为经历过痛苦才能感受到。

科研也许不适合所有人，可毫无疑问，它与刘雪飞十分契合。一双能够发现新事物的眼睛和一颗能够包容万象的心，让他为这个领域注入了许多新鲜活力。他的坚持与执着，混合着一点点良性的固执心，让他熬过了与仪器共度的无数个漫漫长夜。刘雪飞谦虚地称自己是一个热爱尝试、喜欢挑战的“懒”人。“热爱”是他的钥匙，助他打开一扇又一扇门，体验不同的生活。

其实，克服惰性从来就不存在神乎其神的灵丹妙药，唯有热爱是永久的动力。

责任刻于血脉之中

电影中常说这样一句话：能力越大，责任越大。于刘雪飞而言，责任感已然刻进他的心底，融进他的血脉。大二之后，他带领3支建模队从零基础，一步步走到如今获奖无数的“大丰收”。集中授课、通宵陪伴，只因他深知无人引领的无助感和走入弯路时的迷茫。“我们当年没有人带特别辛苦，多走了很多弯路，所以我特别希望高年级的同学能够多带带低年级的同学，帮助他们加快脚步、减少迷茫和无助感。”一句淡然的话，却将镌刻于刘雪飞内心深处的责任心表露无遗。责任不是一个甜美的字眼，它仅有的是岩石般的冷峻，真正自由的心灵总背负着相应的责任，他们仍在负重前行。

当刘雪飞谈及选择在肿瘤方向继续研究的原因时，他的脸上是无尽的失落感：王晓敏老师因癌症去世让他真真切切地触摸到生命的脆弱，当捐款又重新打回账户时，刘雪飞久久难以释怀。癌症是人类的噩梦，只会带来无尽的痛苦与悲伤，正因为如此，他才想要立足于医学的角度，从根本上了解各种疾病的机理和本质，用自身所学挽救于万一，给生命一个机会。

“我们不能说能改变这个世界多少，但如果每一个科研人都这么努力的话，这种现状一定会有所改善。”

面对这一段崭新旅程，刘雪飞还将与责任同行，与热爱相伴，他将带着交大人、生命人、科研人的情怀与使命继续前行。

犀湖水涨了又降，七教前的四季桂飘香了几轮，刘雪飞在交大的故事似乎已经画上了一个圆满的句点，可他却摇摇头：“不，3年的成绩在踏出校门的那一刻便已重新归零。”

每个人手里都握着自己的地图，地图却是一张白纸，所以你可以随心所欲地描绘它，一切全在你自己，在你面前有着无限的可能。而人生，不过就是一个用经历来寻找答案的过程。

当我们希望刘雪飞用3个词来形容自己时，他低下头思索良久，才郑重地告诉我们——独立、狂热、责任。

> 生命可承受之重，“重”的极限为何？
> 也许，不在于各种困难，
> 而是在于“责任”二字。
> 脆弱的，是生命；
> 坚韧的，是生命人。

给学弟学妹们的建议：

1. 获取知识理应劳逸结合，找到自己最舒适、效率最高的学习方法。
2. 走出课堂，用课下的时间探究自己学科的热点、前沿，去做课堂之外的事。
3. 明确自己的方向，思考大学四年究竟能带走什么。
4. 敢于尝试，不必拘泥于一开始的选择。
5. 一定要有自己独立的想法和观念，要培养属于自己的思维。

记者｜史凝睿　孙睿琰

编辑｜麦启欣

PART2
望　岳

荡胸生曾云，决眦入归鸟。
会当凌绝顶，一览众山小。

——杜甫《望岳》

许磊：人生不设限

许磊　2016—2017学年“竢实扬华奖章”获得者。2014级力学与工程学院工程力学专业学生。连续6次综合绩点排名专业第一，推免综合成绩第一。获得6次校级特等奖学金、2次自强奖学金和2次国家奖学金。一个学期收获从省级二等奖到国家级二等奖共6个奖项，累计获得国家级奖项4项，省级奖项9项。毕业后去往清华大学深造。

——在一路上的坎坷面前，你想过要放弃吗？

——挑战是很有意思的事，为什么要放弃？

远方，从不是不可抵达的。

既是不设限的人生，不妨来一场套路与反套路之旅吧！

日常篇反套路

“为什么会选择力学？”“因为是被调剂来的。”

谈及专业的选择，许磊坦言学力学是调剂的结果。不过在与这门专业打交道的过程中，他渐渐发现了力学之美。然而其中的过程并不是一帆风顺。数学基础不太扎实的许磊，刚开始学习力学便觉得力不从心。在许磊的记忆中，那半个学期的认真努力换来的却是机械制图挂科的结果。许磊开始对自己的能力产生了怀疑，幸运的是，他最终选择相信自己。

“除了专业书籍以外的闲书我都喜欢。”

为了拓展思维的深度与广度，许磊阅读了大量文史哲方面的书籍，累计阅读字数超过5千万。

“不准确地说，识人不如读书，生活中我们哪能那么容易遇到有趣的人和事，还不如到书里独享愉悦。”

不论是跟随莫言炉火纯青的笔触去探寻、捕捉不一样的现象，还是尝试以韩寒思考世界的别样方式去理解这个社会，或是现如今喜欢阅读思辨形式的书，研究心理学，都能给许磊带去不一样的感触。

“生活中很难有时间和机会去碰到很多有意思的事情，但书里有，甚至可以带给我更多更深的人生体验。”

“你一说我喜欢诗词我就尴尬了。”

浸入书中，再回到现实，许磊自然也有了几分书卷气息。他平时偶尔也写几篇文言文，几首诗歌。不过，被问到是否喜欢诗词时，许磊则不好意思地笑了笑："哎呀，你这么说，我就有点小尴尬啦。"

在许磊看来，诗词能带给他一种直接的美的感受，这是他偶尔会进行"诗词创作"的原因之一。除了富有韵味的诗词歌赋，他笔下的犀利段子也着实不少，许磊笑称自己是要成为段子王的男人。无论是大家津津乐道的热点时事，抑或是生活中的点滴趣事，在他笔下都可以成为有趣的段子。

钻研篇反套路

"大学没那么多不可能。"

从"挂科"到专业第一，难以置信的蜕变就发生在许磊身上。通宵供电的考研自习室，是见证许磊蜕变的地方。每当夜晚十一二点回到宿舍时，许磊发现舍友早已上床休息。"坚持"这个词，写起来只有寥寥十几笔，要做到却谈何容易。可正因这份坚持，许磊推翻了大学里第一个"不可能"。

迄今为止的大学时光里，许磊曾先后获得6次校级特等奖学金、2次自强奖学金和2次国家奖学金。成绩优异的他以平均高于第二名0.359的绩点，连续6次综合绩点排名专业第一，直博清华大学。

也许生活就是这般有趣，看似"与我无关"的命运之门也不是不可开启。直博清华，或许是许磊推翻的大学"最不可能"的阻碍。

"到最后，真的是凭着一股精气神在吊着的。"

"一学期=2国二+1国三+2省一+1省二"，这是属于许磊的"公式"。许磊有一学期曾经疯狂地参加学科竞赛。那段时间，他几乎放弃所有休息时间，全身心投入比赛，每天早出晚归、通宵熬夜，甚至连舍友见到他都只是道一声"好久不见"。

那个学期，许磊收获了从省二到国二的6个奖项。截至目前，他累计获得国家级奖项4项，省级奖项9项。每一项荣誉都记录了许磊的汗水与努力，是他的尝试与坚持，让这些不可能都成为可能。

“苦难本身没有意义，只有当我们在经历过苦难后得到磨炼和成长，苦难才有意义。我们要有向下的包容，也要有向上的包容：人间疾苦，阳春白雪，都是生活的组成部分。”

“写完论文，就像把孩子生出来似的，孩子再难看，那也是自己的。”

谈及科创时光，许磊的语气中更多的是对过去的感叹与怀念。得到学长学姐们的指点与帮助、与优秀的同学们一同取得佳绩、培养学弟学妹们的建模思维，在数学建模协会里的一桩桩一件件事情都能让许磊感到自豪。也许，这便是传承。茫茫人海中，来来往往的路人换了一拨又一拨，纵使时光流转，探索真知、寻求真理的信念永远不会流逝。

信仰篇反套路

“放弃在我的世界里好像是不存在的。”

有过压力，有过失望，也有过沮丧，但是没想过要放弃，这便是许磊的人生态度。很多时候，生活的齿轮并不会按照预想的方式运转下去，这让许磊在很多方面受到限制。每每遇到这种情况，他总会选择通过另一种方式达到目标。

面对学习上的压力，许磊有着自己的减压方式——夜跑。大学3年，许磊跑步量达到800千米以上。对于许磊而言，跑步不仅是锻炼，也是一种放松。“夜跑时静谧的环境可以让我更好地思考一些白天没有注意到的东西。”

“我们不应该让思维定式束缚了自己的能力，不能给自己贴上‘做不到’的标签。”因此，当我们遇上阻碍时，不妨换个角度，或者跟别人聊聊自己的想法，没准下一个机会就悄然而至。

“我最感谢的其实是我自己。”

许磊也很感激每一个帮助过自己的人，无论是匆匆走过，还是一直默默陪伴，这些来过自己生命的他们都值得被记住并感谢，“最怕身后空无一人，幸好回头你们还在”。

但是，许磊表示，最要感谢的人，其实是自己，感谢自己的勇敢尝试、未曾放弃，感激自己让大学生活对得起最初的梦想。鸡汤再多、帮助再强，也不及自己的行动和信念。

“最遗憾的事，可能就是住在南区。我比较想住北区，北区女孩子比较多。”

虽然嘴上说着“最遗憾的事情是没有多认识一些女孩子”，但是，对许磊来说，最令他遗憾的事莫过于在这么多的科创比赛中，没有拿过“国家一等奖”的奖项。4年的时光，许磊走过了7/8，他的大学生活已经所剩无几。从普通无华到竢实扬华，再到水木清华，在他看来，也许“国一”不能为他带来加分或者保研这样的实质性结果，但这个未获得的奖项却成为他心中空缺的一部分。念念不忘，必是因为执着。

反套路之最

“大家赶紧来上学吧，学习多开心。”

大学是一个全新的环境，不一样的生活节奏和不一样的思维方式，可能会让我们感到迷茫，感到手忙脚乱、猝不及防。但是在许磊看来，迷茫意味着你正在思考自己应该以怎样的姿态前行。只有当我们在思考下一步该怎样走的时候，我们才会感到迷茫。戒骄戒躁、敢于尝试，没准就能有新的突破。不要给自己的人生设限，不要活得太理所当然，不要轻易否定自己。

爱笑、搞怪、幽默风趣甚至有点“皮”，这是许磊留给大多数人的第一印象，但又有谁是天生的爱笑者呢？他不是没有经历过难熬的时光，而是已经涅槃重生。他经历过比大多数人更为艰辛的生活：家庭的困苦，亲人的病痛，经济的约束……可正如许磊所说：“命运折断了我的翅膀，我选择以另一种方式飞翔。”他是这么说的，也是这么做的。

“故天将降大任于斯人也，必先苦其心志，劳其筋骨，饿其体肤，空乏其身，行拂乱其所为，所以动心忍性，曾益其所不能。”大学没那么多的不可能，人生也没那么多的限定。一切不能将我们打倒的人和事，都会使我们更加强大。许磊虽然用着“反套路”的回答自如应对“套路”，可是他所付出的努力和所收获的成果是实打实的，是一步一个脚印走出来的。

心之所向，素履以往。生如逆旅，一苇以航。

新学期悄然而至，新征程拉开序幕。我们处在最好的时代，星空繁烁，前程光明，也必当脚踏实地，风雨兼程。

记者｜麦启欣　王貌　林铭泽

编辑｜刘劲楠

高华建：经管男儿风云志

高华健　2016—2017学年“竢实扬华奖章”获得者。2014级经济管理学院工程管理专业学生。大学期间获得国家奖学金、国家励志奖学金、特等综合奖学金等各项奖学金9次。曾获第十届全国大学生节能减排社会实践与科技竞赛国家级三等奖，第八届中国大学生服务外包创新创业大赛国家级三等奖等各类竞赛奖项。毕业后去往清华大学深造。

“男儿不展风云志，空负天生八尺躯。”这是高华建的座右铭。

心有千军万马，随处仗剑天涯。大学4年，他用自己的青春写下一部经管男儿的风云志！

风声疏狂，人间仓皇

如果人生太短，不如学着在书中自寻一方天地。

一份书单，数十本书，是近年来他思绪走过的痕迹。从高三时读到《百年孤独》轮回时的震撼，到《雪国》中虽“不知所云”却唯美动人的笔触。这些痕迹早已化作无形，融入他的生命中。

而最令他陶醉的是史书，那运筹帷幄、挥斥方遒的魄力；甘州大营、大漠孤烟的壮阔；王侯将相、英雄风云的诡谲。

何谓风云？志在何方？远方有他心中武侠剑客、功成名就的豪情疏狂。

逆流回溯遥迢的流年。

他感谢曾经的自己喧嚣罔闻。乐观面对大一、大二科研尝试的失利，终于等到大三“绝处逢生”，获得期待已久的成功。

青灯壁冷，吓不倒执剑之人

在节能减排初赛中，队友已对本组的课题放弃希望，不愿浪费更多时间，高华建就靠着自己的意志“死撑”到晋级，终于唤回大家的支持与投入。

剑客，注定属于漫漫征程。

所谓剑客，三千红尘路，寥寥九州土。

12所知名院校、8个省份、13个昼夜不曾停歇。横跨祖国东西、大江南北，这对高华建来说是机遇，更是考验。

十万火急赶到机场却发现机票订错时那一瞬间的绝望；一个人走在北国凄凉萧瑟的大街上，耳边传来的呼呼风声里只有自己行李箱车轮碾压水泥路的寂寥；在面试现场与老师“对峙”后万念俱灰，瘫倒在机场又要飞往另一个未知方向的迷惘……

“支撑我走完一万两千余千米的顽强心性，其重要性堪比我之前三年努力的总和。”

八尺男儿，闯荡浮生

云破月白剑出那一瞬，胜负一触即分——失望、感伤、痛苦从来都是重生的沃土，待到清华的通知发布的那一天，一切的一切都有了意义。

所以流年匆忙，对错又何妨。“我觉得就像那句话所说，你将来最后悔的不是做了什么，而是没做什么。所以想做些什么就去尝试吧，既然你能有想法，说明还是有成功的可能。”

但凡不死，遑论放弃?

没有曾经的尝试，何来大三收获的一项项大奖；没有如今的尝试，何来多所名校伸来的橄榄枝；而未来若没有尝试，又怎知那从小刻在心里的剑客英雄梦没有希望?

“歌女的歌、舞者的舞、剑客的剑、文人的笔、英雄的斗志，都是这样的，只要不死，就不能放弃。”高华建醉心于古龙构建的那个世界，也醉心于自己的“英雄梦”。

项羽出身楚国贵族，赫赫家世为他创造了成功的部分土壤，然所谓“王侯将相宁有种乎”，我等固然出身平民百姓，却也不该白活这一世。

“我有自己后悔的事情，但我很喜欢现在的自己”

人说江湖浪涌最不缺无畏的人，而真正的无畏，从不是莽莽武夫，而是认清自己而又心怀希望的智者。

念及初见交大，梅花相似，而一刹流云已散。为何有大把精力的时候没有去学一些明知道会有用的技能、做一些有意义的事情，而白白浪费时间呢？或许很多人都常听到这句话，但没有经历过的人怕是很难懂得这背后深深的悔意。“但我现在已经意识并接受了自己的平凡，明白要做好一件事情就要付出巨大的努力，虽然不一定做得到，但能悟到这一点也已经很不容易了。”

六艺傍身泠然弦动，遍历万物九州奇崛。

高华建随心中的千军万马，仗剑天涯。

“竢实扬华”不是他的终点，所以不妨大胆一些，接着去攀那座山，去追那个梦，去享受路途的轻风细雨、疏烟霓虹。

这一部经管男儿的风云志，从未停止……

记者｜刘钰杰　徐林溪　韩芳平

编辑｜韩芳平

刘天仪：
酷女孩成长指南

刘天仪　2016—2017学年“竢实扬华奖章”获得者。2014级人文学院传播学专业学生。曾连续3个学期蝉联专业第一，保研成绩93.07分。加入的无人机创业团队代表学校获得“创青春”全国大学生创新创业大赛的全国银奖，曾代表学校获得四川省大学生艺术展朗诵组一等奖。

这是个看似千人一面的时代。我们都读着相似的书，在相似的城市里日夜往复，看不见循环的尽头。但有些酷女孩是与众不同的。

跳脱于时代之间，连通心与世界，带着光和热翻山越岭——

她是不一样的烟火。

她是刘天仪。

大口吃瓜，快意飞马

刘天仪是一个独立的女孩，除了这个概括性的词似乎也没有哪一个词能准确地描绘出她的风貌。她跳脱，她幽默，她对于被所谓“热门、榜单”所驱使的人不屑一顾，她不愿被别人的关注所左右。将这些混合相加，再辅以些许骨子里对自由平等的向往，才合成了这样一个流光溢彩的刘天仪。

总而言之，我行我素。

“我不想考公务员，也不想考教师资格证。”

和多数人希望毕业后能有一份安安稳稳的工作不同，刘天仪的心总是坐在随波逐浪的小船上，她不希望年轻人讲求生活稳当而就这样舍弃本能创造出的未来。想法总是因人而异，喜欢安逸的人为未来拼得头破血流或许欠妥，但在未知的风浪中寻找明天才是最适合这位姑娘的。

抖机灵就像从未炒过的小龙虾

“如果要我对有趣下个定义，那么就是有自己的处事和相处风格。这种风格是让人舒服的、真诚的、自然的，并有自己独特的想法。”

于她而言，大学大概就是追随她所爱的地方。

大二时，她参与拍摄了一部悬疑电影《12：15》。这里有夜半取景的工地废墟，有番茄酱替代的血浆，也有一群把电影当作生命的朋友。

“除去电影的娱乐性，相比于文字，电影是很直白的一种方式，让我能够了解吸收导演和编剧的意图并且转化为自己的东西，这是一种很微妙的互动。我在用欣赏艺术的眼光来欣赏它，同样它也在对我自己的认知和三观产生影响。”

独立和有思想，贯穿她生活的始终。

“作家的话，我喜欢伍尔夫，村上春树也算一个，最近比较迷佩索阿和陀思妥耶夫斯基。”说到喜欢的作家，除了萧红，她的第一反应是法国作家伍尔夫，采访到这里，能更明确地感觉到刘天仪希望成为怎样的女孩了。

在时代的巨轮里奔跑，她是个情愿频频回首的人。音乐是她的灵感缪斯。恋旧的她，喜欢很多被博物馆珍藏的东西；20世纪的歌被很多人遗忘，却依旧鲜活在她心里。“我很欣赏日本20世纪七八十年代到千禧年这段时间的，在音乐中透露出来的人们的活力。”在那个年代，大家都很有自己的一套东西和感觉，复古与活力兼备，历久弥新。

她的有趣，在言语里，在思考里，在无数经历里。而这份认真打磨后呈现出的“有趣”，难以褪色，独一无二。

不拘一格的她

她不仅有很多自我，更有很多身份，而这些身份亦是她自我的体现。

传播学专业第一名的背后，是她对传播学的热与诚。

庞杂的传播学，涉及社会学、心理学、新闻学等很多方面。从传播的角度看问题，保持理性，不去盲从地发现和研究一些社会现象，更重要的是通过专业课的学习，收获到“铁肩担道义，妙手著文章”的媒体人素养，“多了一份社会责任感，而绝不可能成为精致的利己主义者”。

作为广播台前台长，在新人试用期里，有人说她是个可畏的存在。

采访时，我们把这个有些尴尬的问题直接抛给她，却收到明确坦诚地回答："对，我就是一个公私分得很开的人，我做事情会非常认真，但私下里就非常随和。"

她明白，任何工作都有严肃的一面，认真是做事情的基本原则，更是为人的基本准则；将广播台一脉相承的严格延续给新人，更是教给他们比广播实践更为重要的认真精神。不过她也懂得把握分寸，在适当的时候收敛个性，点到为止的批评，自有她自己的艺术。

"你想对学弟学妹们说些什么吗？"

"多去尝试，不停地尝试，不后悔地尝试。不去尝试你永远不知道自己喜欢什么、不喜欢什么，应该勇敢一点，反正还年轻，推倒重来的成本又没那么高，一旦发现喜欢的就坚持下去。年轻人不该求稳，不对，人不应该求稳。"

这就是她，一人千面的她。

记者｜郭玥　马芷荃　赵婧平

编辑｜申天文

王皓正：
我与T恤有个约会

王皓正　2016—2017学年“竢实扬华奖章”获得者。2014级土木工程学院土木工程专业学生。曾获2017年美国土木工程师协会钢桥赛东南赛区第四名、第十届全国大学生结构设计竞赛一等奖等奖项，2017年成为美国土木工程师协会会员。毕业后去往同济大学深造。

玩转结构竞赛场，学生工作也照样；
学习科研全都有，竢实扬华T恤王！
这里有他与T恤的故事，
而他拥有的，又何止是T恤——

“大一的时候我莫名其妙地就考了特别好的成绩”

“开始时我试着上晚自习，预习了以后就发现老师讲的也就是课本上这些，别人为什么听不懂呢？自己还蛮开心，就开始良性循环了。”

成绩的取得往往是水到渠成的，通宵的复习也许会有好的结果，但细水长流带来的结果又何尝不让人惊喜呢？在同济参加研究生面试时，他回答专业问题亦是游刃有余，以扎实的功底得到老师的青睐。

“当时身上那件白色夏令营队服，就是对我学习成绩最大的肯定。”

比起和同学一起泡自习，王皓正更偏爱“独自行动”，其实是怕自制力不够，跟着别人一起溜掉了。二教二楼的教室、园区四楼的通宵自习室都是王皓正的最爱。几乎每天晚上都会去自习的他反而不太习惯去图书馆。

“冬天图书馆太暖和了，不太适合学习，容易犯困。”说到拖延症，他笑道：“我也会有拖延症啊，不过我会强制自己不把手机带上床，这样早上想玩手机就不能赖床了。”

一个人，可以走得快；一群人，可以走得远

优秀的人总是能够彼此欣赏。当谈到“竢实扬华奖章”另一位得主、他的好友郭文琦时，王皓正打开了话匣子：“我们的关系可不是一般的好，那可是特别好、非常好！”郭文琦和王皓正在同一专业的相邻班

级，大一同为学习委员，又一起在做科创工作，到后来一同做辅导员助理。两人又住隔壁寝室，久而久之，王皓正和郭文琦就成了无话不谈的好朋友。

而除了好朋友的身份，同是土木专业地下方向的他们又是彼此最大的竞争对手。可成绩不分伯仲的王皓正与郭文琦常常一起上自习，一起讨论问题，当遇到新题型或老师没有讲到的知识点时，他们又会相互分享。

关于竞争，王皓正说："我们都想用实力说话，而不是小把戏。""队友兼对手"是对他们友情最好的概括。"有个和你一样优秀的人，和你一样努力，你就不敢有一丝懈怠。"

在共同奋斗的道路上，王皓正和郭文琦都在对方的激励下努力成为更好的自己。

"还有啊，自己要有目标。就像我经常想以后能有一辆奔驰G，哪怕只是一个念想，自己还是会去努力。"想要一辆奔驰G还真不是随口一说，作为一位资深车迷，他上街总是看车，每天美滋滋地告诉别人他看到了什么稀罕的车，这也是他日常爱好的一部分。"到了现在，不自觉地关注和车有关的一切，已经不仅仅是爱好，更像是深入骨髓的一个习惯。"

有志者，事竟成

初中誓师时第一次接触到这句话还因为调皮被罚去黑板默写。当时被难得焦头烂额的男孩已经长大，随时都能脱口而出也承担起时光赋予的重量。

第一次参加美国钢桥赛并不顺利，虽然他们的作品作为土木学院的代表，成功出现在一百二十周年校庆运动会的方队中，但是在美国钢桥赛最后的选拔阶段他们却落选了。那个夜晚，他彻夜未眠。"好像当头棒喝，把我从一帆风顺的生活中叫醒。"反思过后，卷土重来，踏上第二次美国之旅。

“当我漫步在大雾山时，当我参观着田纳西大学的校园时，当我奔跑在佛罗里达的海滩时，当我拼搏在FAU的赛场时，尤其是——当晚宴现场评委读出‘The fourth，Southwest Jiaotong University’时，我突然明白，连续2年的努力与坚持，都有它存在的价值。”

他们的战队再一次刷新了交大的最高战绩，再一次在国际舞台上证明了我们交大的土木，不输国内外的众多名校！

回忆起那段经历，他感慨：“也许是受那时的气氛感染，周围的人都在欢呼、鼓掌，甚至有个来自波多黎各自治邦的小哥哥跳起了舞。在这种氛围中，我情不自禁地举起校旗在场内奔跑。只可惜，当时没拿国旗。”这也成了王皓正美国之行精彩之余的遗憾。他说，下次比赛，一定提醒学弟学妹们带上国旗。

“不管是哪一场比赛的队友，我都特别感谢他们。感谢每天只睡四五个小时的日子，有这么棒的一群人和我一起走过。”

是啊，只有一条路不能选择，那就是放弃的路；只有一条路不能拒绝，那就是成长的路。只愿时光不负他们的努力，愿青春不负他们自己。

土木学子的光和热

“来成都3年了，我去过最多的地方，不是天府广场、春熙路，而是金府机电城。”

157小时的志愿服务，是他献给土木科创的光阴。作为土木科创中心负责的同学，穿上红马甲，3年内他参与组织承办了国家级结构设计竞赛4次、省级竞赛3次、校级竞赛6次，共计34场赛事。本学院组织的土木科技月规模极大，500余支队伍、近2000名同学参赛，“我觉得趴着听课的时候就最幸福了，辅导员笑说我们把女朋友都忙没了。”尽管如此辛苦，但是比赛安排之合理、秩序之井然，都不曾输于国赛现场。

担任助辅时，班里有新生被骗了钱。等骗子同伙再次出现时，他和其他助辅将其堵在楼道里，扭送保卫科。虽然钱还是没要回来，但也算是一次充满正能量的经历。

“我们土木科创就像一个大家庭，可以说没有土木科创，就没有现在的我。”初次比赛时，土木科创的学长倾囊相授；深夜郁闷时，出去撸串喝酒的也是土木科创的队友。“我从小生活在一个温暖的家庭里，可能也受影响成了一个特别重感情的人。”

“我总是觉得‘人之初，性本善’，作为一个人，虽然需要勤奋或者坚持，但善良应该是最重要的。就像那句话说的——‘出走半生，归来仍是少年’，我希望学弟学妹们都可以记得自己的本心。”

李开复说过：
“一个世界有你，一个世界没有你。
让两者最大的不同，就是你一生的意义。”
苦心人，天不负。只愿岁月静好，负重前行。

记者｜刘钰杰　徐林溪　韩芳平
编辑｜韩芳平

武薇：“标配”出自己的天地

武薇 2016—2017学年“竢实扬华奖章”获得者。2014级地球科学与环境工程学院环境工程专业学生。前六学期主干课平均成绩88.22分，综合评议成绩93.22分，专业排名第一。获得企信奖学金和6次综合奖学金。获“APMCM亚太地区大学生数学建模”竞赛国家级一等奖，第十四届“挑战杯”全国大学生系列学术科技竞赛省级一等奖。毕业后去往同济大学深造。

你好同学，
地球科学与环境工程学院2014级武薇，
了解一下。

产品简介

用“半路出家”来形容自己，大概是武薇在“不自信”和“寻规划”间徘徊的解释。不同于大多“竢实扬华奖章”得主的“顶配”模式，武薇用大众化的“标配”耕耘出一片自己的天地。

“努力”是她的另一个名字，一颗不浮躁的心孕育出踏实诚恳的求学精神，也成就了她专业第一、累次荣获6次综合奖学金的硕果。“博观而约取，厚积而薄发”一直长青于武薇坚实的内心。真理的探索者从不满足于眼前取得的成就，武薇将对专业课的学习与思考转化为对科创的激情，真正将“学以致用”落到实处。层出不穷的科技竞赛、建模比赛、个性化实验项目等使她不断地变换于“简单原理”与“复杂状况”之间。“竞赛不仅锻炼了自己独立思考、机智应变的能力，更坚定了我投身环境领域的信念”，武薇如是说。

成长的记忆匣子里，在校史馆和辩论队的经历是武薇最为难忘的。初出茅庐的校史馆志愿者用青涩的讲解经历使自己在讲解团生根，担负起诠释“竢实扬华”的重担，更让她明白沉淀与积累的含义。与前者截然不同的感受是属于辩论队的热血：深夜无人的交大，静谧美好；唇枪舌剑的比试，振奋人心。如果用一个词来形容在辩论队的生涯，大概就是“青春”！

产品特性

“弦凝指咽声停处，别有深情一万重。”筝声深情而通透，如其人一般。古筝婉转起音时的她，泳池里畅快舒展的她，案前手握细毫凝神书法的她，构成了一人千面、面面皆暖的武薇。

“做自己，守住积极的心，比什么都重要。”

偶尔因为考试而焦头烂额，也因为多虑而心神不宁，可她总有足够的气量去接受所有的不顺利。“我的想法是一定要让自己在一个稳定的、可接受的状态下做事。”她解释道：“我接触到一些硕士、博士阶段的学姐学长，可能与科研压力有关，他们或多或少都会出现一点心理问题。像他们那么强大的人都会出现这样的问题，那像我这样没有聪明大脑的人，就更应该注意避免，让自己的身心是健康的，状态是稳定的。”

在一片并算不上是富饶的土地生根，却在风风雨雨中也要发芽，最后的她，成长为最明艳的花。

产地

“原产于我国内蒙古自治区，经西南交通大学及老师室友4年萃取，含校史馆讲解团、辩论队等珍贵成分。”

跨过1720千米的距离第一次站在交大校门口时，大一的武薇，还是一个会把自己保护起来，难以做出突破的女孩。但是如今的她，经历过辩论队的青春，更加敢于去争取，走出了自己的象牙塔；漫步过校史馆一遍又一遍，细看交大120余年的历史，便将竢实扬华的意义真正牢记于心。

“当我把这120余年的历史了解清楚之后，才明白竢实扬华的辉煌是一个等待和积淀的过程。一个人不可能永远都优秀，一定是用等待结出丰硕的果实，然后进一步发扬今日的光辉。”

无论是热烈的青春，还是温润的青春，无论是背后恩师的帮助，还是敦笃能干舍友的影响，最后一次站在交大校门口的武薇，已经能带着她余裕满满的微笑，去面对下一个征程。

保养修护

“‘丧’和武薇一直是不搭边儿的。”

时刻保持积极心态的她总是让自己化身“乐天派”的代言人。“不好走的路才是上坡路。”伙伴的温暖鼓励与严格的督促，运动和唱歌带来的高压释放，都是这个女孩“随遇而安”的应变方式。无问结果，只盼历经。功利性的目的总是被她延后，用她的话来说就是“只有尽最大的努力才能不留遗憾”。盲目的时候，何不走出去看看。

当谈及向往的生活状态，武薇渴望的仍是那份可贵的“拼劲”。大概是“有停下来的时间，也不失拼搏的勇气”。她是时代浪潮里的弄潮儿，亦是静谧时光里的追逐者。

注意事项

“有什么建议留给学弟学妹们吗？”

“人生的能量是守恒的，踏实走好眼前的每一步总没错。”

记者｜郭杨　李雨畔

编辑｜刘劲楠　马芷荃

陈晓庆：
“隧”月间，
一如既往地奋勇向前

陈晓庆 2017—2018学年“竢实扬华奖章”获得者。2015级土木工程学院土木工程专业学生。连续3年学分绩点排名专业第一；连续4学期课程全满绩；65%主干课程95分以上，6门课程满分，免研均分97.4（1/518）。获第十一届全国大学生周培源力学竞赛实验团体赛全国一等奖和周培源力学竞赛暨2017年四川省力学竞赛省级二等奖。毕业后去往同济大学深造。

他有多强？连续四学期全满绩；奖学金全满贯；把90分当作自己的及格分数；6门课程满分；16项综合成绩、奖项评选第一名；周培源力学竞赛国家一等奖，开创交大新纪录……其中任意一项，旁人早就称其为神话，他却道之寻常：一步步走来，一点点成长，于“隧”月间念兹在兹、释兹在兹，这只是岁月间水到渠成的一个小小佐证。

他极致，他较真，他肯吃苦，他是个低姿态的高姿态者；他豁达，他通透，他真性情，他是个永续奋斗的逍遥人。

来，带你走进这个“全句超人”的“隧”月间。

“隧”月间丨全满绩只是因为认真

“满分其实没有什么，全满绩只是证明我没有偏科。”

神色淡然，语意平静，他如是说。

从大二上学期开始，全满绩的成绩便足以成为他为之骄傲的资本。但这份“骄傲”也不过是小小的心满意足，只是自然地，在努力之后达到的应该达到的效果罢了。“一场一百分的考试，我会准备五百分的知识。”“早早就做完整张试卷，再翻来覆去地检查十几遍，应该就能有挺好的成绩了吧。”他如此笑着说。

他一直是个较真的人，尤其是在学习方面，他“苛求”每一科目的每一个细节，“即使有时候觉得挺累的”，但是如果达不到自己能做到的最佳效果，“只会更难受”。他已经习惯了这种“较真”带来的疲惫，享受这种保持优秀的快感。可能“不错”于他人眼中已经可以达到满足的程度了，而在他看来，追求“极致”才是一种习惯。

所以，学习就认真学，要学就学到最好。

从小到大，他都有这样一个“极致优秀”的光环，却也从未为其沾沾自喜或倍感压力。极致这件事对他来说，或许只是他日常生活的一部分，一个醒目的“标签”。

璀璨如斯，你可知他从未追求夺目？只因与优秀为伴，这是他应有的傲人风采。

“隧”月间丨课本的味道是我的最爱

“喜欢看的书？课本啊。”

例行询问受访者喜欢阅读什么书的时候，收到的回答令人大跌眼镜。

“为什么？”

他缓缓地向我们讲述了王梦恕院士的故事。

“王梦恕先生低头钻隧道做工程，学冷学问，坐冷板凳；抬头面对话筒，能针砭时弊，对热点问题有问必答，对需要帮助的人一副热心肠。他就是这样一位说出‘大家都不说真话，社会就没希望了’的铁骨铮铮‘高铁院士’，他冷与热交织的人生总令我感慨颇深。”

于王梦恕院士，他钦佩，他敬仰，他更憧憬与向往那份身居庙堂高处却不忘江湖之远的质朴初心。“高山仰止，景行行止。”或是受王梦恕院士的影响，他最终选择了地下工程方向进行深造。“那是21世纪需要的地方”，或许也是他踏上造福人民、报效祖国之路的起始方向。

你是否感觉这大而泛泛，毫无实际意义可谈？这便是他优于常人的另一个特质。

他是个捞月亮的人。

我们变得越来越畏惧情怀，畏惧高而上的精神，甘心做一个仰望者。陈晓庆不一样，他受感动、为之振奋，便不避讳地铆着一股劲儿地去追求，认定了那月亮，追就好了。

他很受益于自己这股对专业知识的激情。课本知识烂熟于心，一条一条梳理下去，不会有任何一处纰漏与瑕疵。他能抛下课本复述整本书的纲要和知识点，经常给同学开小课堂，“陈教授”的名号也由此打响。

参加同济大学暑期夏令营时，凭借交大课程教育的完善与细致和自己日复一日对基础知识的钻研与掌握，他在与外校同学竞争时尽展风采，获得首批“卓越表现奖”，被同济大学提前录取。

喜欢课本，更喜欢专业知识；喜欢专业知识，源于喜欢挑战困难。

“隧”月间 | 我的人生没有“不可能”

“做‘不可能’做到的事，才有意思。”

与温雅淡然的外表截然相反的，是他渴求挑战、勇于与困难博弈的心态。

从在老师断言“没人能拿满分”的课程中拿到一百分，到在第十一届全国大学生周培源力学竞赛中拿到一等奖，再到毅然选择前路坎坷的地下工程作为研究方向：他享受挑战和刺激。

全国大学生周培源力学竞赛，此前交大最好的成绩为国家三等奖，因此也缺少“成功经验”。有困难，那便有意思。他选择迎难而上，站出来担任团队的负责人。“每天晚上就在校园里散步，想着明天大家要做什么，怎么做，做到哪种程度。这些细碎而重要的事情填充着大脑，现在想想，那时候充实又孤独。”比赛过程中，还遇到电线缠成一团很难解开的小插曲，却也没能成为团队打败诸多传统强校斩获全国一等奖的阻碍。这一奖项的获得，弥补了交大在这一竞赛奖项的空缺，也让他自己成为今后激励大家的“成功经验”范本。

除了做那些本身困难的事情，他还坚持更为困难的“未雨绸缪”。

一路荣光，陈晓庆披着太多赞誉，怀抱鲜花星光，他却时刻提醒自己：要有危机意识，不要安于现状。退潮后积起的一方小水洼里的鱼是快乐的，但不要沉溺于那稍纵即逝的愉悦。如果贪图，终究不过一具鱼骨。

“人是一个在斜坡上的小球，如果不往上走，满足于现在的高度，就会滑下去。”居安思危，少年愿做一朵萤火，不满足自己的小小光亮，奋力地向天际线那知识的浩瀚星群飞去。

“隧”月间 | 我的拼命是认真

“我哪算得上是‘拼命三郎’啊，我才不是什么拼命的人。”

没有很规律的作息，但基本上不怎么熬夜；只要有朋友叫，大多有求必应，放下手头的事情就出去了。

不“拼命”，但认真。

他是个太通透的人，太分得清缓急，太掂得清轻重。

那么多的“第一”“满分”其实并不是他刻意追求的目标，仅仅是他看透并认定正确的方向，加上脚踏实地的坚持和对细节的“苛求”的结果，一切都是平日里认真之后理所当然的反馈。“对于大学生而言，真的没有比学习知识更重要的事情了，只有这件事才能让你有真真正正、踏踏实实的收获。”可能社团活动参与程度少是他大学生活中最大的缺憾，但是认真想想，这些沉甸甸的收获是否远大于这些小缺憾呢。

“人之所以能，是相信能。”这是他打破人们心目中的固有思维，屡次将“不可能”变为现实的奋斗心理。

“欲望以提升热忱，毅力以磨平高山。”这是他追求卓越，精益求精，百尺竿头当求更进一步的昂扬姿态。

这是陈晓庆最喜欢的两句话。他也想以此告诫学弟学妹们：当勇于挑战，当追求完美。以更自信的风貌笑傲四海江湖，以更真诚的态度览尽世间风物。我们应有所成，我们必有所成。

一腔孤勇，他从不回头。
在“隧”月间，做一个探索者，
铸造自己的王朝，
自由奔跑。

记者 | 唐聪睿　马芷荃　陈一宁　王宇哲

编辑 | 马芷荃

房庆云：急速滑行时

房庆云　2017—2018学年“竢实扬华奖章”获得者。2015级公共管理与政法学院公共事业管理专业学生。曾获第八届全国大学生“创新、创意及创业”大赛国家三等奖，第九届中国大学生服务外包创新创业大赛国家三等奖等奖项。作为社科类书籍《点亮银发社会的100个创意》（2017年10月版）编写组成员编撰书籍。毕业后去往厦门大学深造。

天气，晴，微风，
速度20迈，
云朵追随，
落叶卷起，
世界在脚下转动。

她把人生的滑行速度调到20迈，面前的道路平坦而绵长，女孩朝着下一个目的地滑行。风、影子、恐惧和迷茫，通通追不上她。

她正要冲进那黑暗，势不可挡

鞋底的花纹抓地，摩擦力抽离她的静止，18岁的房庆云飞驰在交大的夜路上，全身享受着粘板的感觉。滚轮路过了风，碾压过石子，被减速带隔断，被黑暗模糊了方向，我们都以为她要停下来，可她却正要冲进那黑暗，势不可挡。

对于初入大学的房庆云来说，“世界上最远的距离”也许就是：脑袋还在数理化的美妙世界高速运转，手里却抱着公管专业课本不知所措。在密密麻麻的文字中找不到兴趣点的她，将自己的大部分热情都注入滑板中。飞旋跳跃的日子里洒满阳光，却解不开房庆云心中的迷茫。

隔着犀湖与图书馆隔岸相望的地方，有一尊肃立的“堂·吉诃德像”，铜像旁边的小广场，藏匿着那时房庆云摇摇欲坠的快乐。图书馆里亮着的灯曾借光给她，一次又一次，照亮滑板滑行的柏油路，却没有照亮女孩微锁的眉头。向后看，宁静的校园主路似乎伸过来一只无形的手掌，拽住房庆云无心顾及的滑板尾端。

为什么，滑板总是不能肆意滑行。

图书馆里的灯不再亮着，它们一盏一盏熄灭，人影开始散乱，一些人捧着书本，面带笑意地依次离去，留给房庆云一个坚定的背影。“在图书馆前苦练滑板的我遇上了一群学到闭馆才离开的学霸，他们离开时坚定的背影不禁让我思考：勤奋的极限在哪里？当看到天资远胜于我的同学仍在通宵达旦，我不敢再做一蹴而就的美梦。”

像每一次摩擦蹬地起步那样，她将一切顾虑丢在身后，毅然出发了。那只无形的手掌成型于自己的恐惧，而当你决意要自我改变，它便理所应当地成为你有力的推手。房庆云开始以一种全新的心态和视角，重新审视那些密密麻麻的文字，她大胆占用了曾经在柏油路上借来的灯光，像每一个固执、勇敢又坚韧的滑板女孩一样，从零开始，爱上了手中独具魅力的公管知识。3年下来，房庆云获得了22门专业课90分以上，连续3年保持专业第一的好成绩，也曾数次将国家奖学金、特等综合奖学金、三好学生等荣誉收入囊中。不仅如此，她还凭借着自己理科思维的优势，自学掌握了两种计量分析软件，将人文情怀与科学之美同时谨记于心。

不是所有人都拥有在面对低谷时，用正确的方法将自己从负面情绪中抽离出来的能力，也不是所有人都能够在面临未知转变时，持之以恒且不问结果地努力下去。

急速滑行时

她踩上滑板，没有丝毫犹豫，便只身投入黑暗。阴沉的天空连续多日不见星星，路边伸出的枝条冷不丁竖在眼前，但是她全然不在意。急速滑行时，就在大脑里制造星空，她清楚地知道自己的方向。

太过宏大的目标无法一蹴而就，房庆云不着急，也不害怕，她耐心地去寻找每一块拼图。一幅宏伟的树状图在脑海中展开，枝条触及每一年要完成的目标，又细化到此时此刻的自己。房庆云脚踏实地将目标拆解开来，一一实现，她要主动“接近目标”，掌握自己的命运：主动咨询老师和前辈；主动去寻找信息；主动和别人组队参加竞赛；主动运作自己带领的竞赛团队……房庆云的“目标细化法”让她从大一刚结束便踏上了通往理想的道路。

从立志得到第一门功课成绩90分以上到3年后的22门功课成绩90分以上，从不愿了解公管专业到连续3年保持专业第一，从竞赛“小白”到月入3张奖状的竞赛队长，房庆云设立的目标永远具有挑战性，却也永远具有完成性。她在答辩时提到了大三最忙的一天：近7小时的专业课+4小时同时准备3项国赛、3小时做作业+2小时做推送，除开睡眠时间，她仅有1小时可以用于自己最爱的滑板。如此“无缝衔接”的背后，是房庆云经年累月锻炼出的极度自律与专注。

直行第二个路口右转，女孩急速滑行，她的大脑里有星空。

就要腾空了！

腾空失重的一秒被放慢，她停留在不一样的高度，享受着不一样的天空。

热爱体验的她从交大出发，在韩国顶尖学府延世大学交换学习，感受到了两者不同的教育风格。她努力适应新环境并在短短4个月内获得了全A^+的成绩单，房庆云不止步于成绩，而是吸纳着更为广阔的国际视野。“交大与延世教会我担当：以宽广的胸怀兼收并蓄，以国际化的视野奋力创新。”答辩上的房庆云如是说。

一直在突破极限的她很自然地将自己的目标定在了自己未知的领域里，她勇敢地尝试自己从未做过的事。延世大学交换生的经历让她了解到中韩教育文化的差异，泰国清迈的支教也让她更清晰地看到自己的价值。相片上，房庆云和旁边的孩子紧紧靠在一起，不管过去与未来，就在摁下快门的那一刻，这个来自中国的大学生和泰国的初中生们眼睛里相同的纯真被永久记录。人类用特殊的介质共情，这一群十分普通的泰国初中生让她更真切地体会到了自己所学知识的社会价值。

“做世界的体验者，不只是学业。也正是这份体验让我注意到发达程度不同的国家对老年人友好程度的不同，这启迪我关注社会老龄化问题。回到交大后，在跨专业、跨学科的思维碰撞下，我参与编写《点亮银发社会的100个创意》与《互联网创业管理》，搜集并整理大小200多个养老产品与案例。与其说这是对老年群体的温情关怀，不如说是一群新青年学以致用的担当。对于扑面而来的老龄化社会来说，可能再没有比这更珍贵的了。”

很多时候，我们都很疲惫，拖着沉重的行囊想来一场人生的旅行，让自己走得更远，却发现自己已经被戴上脚镣。

滑板女孩以专业第一的成绩保研至厦门大学，故事看上去似乎已经以一个圆满的结局结束了。

房庆云却摇摇头：“我宁愿将自己清零再开始。”

滑板落地，于是有了再一次的全新滑行，走走停停，甚是轻快，最终竟然连静止，都成了房庆云独属的，急速滑行时。

记者｜杨博文　刘晏榕

编辑｜李雨畔

邱菲尔：诗酒放歌，天地行者

邱菲尔　2017—2018学年“竢实扬华奖章”获得者。2015级交通运输与物流学院物流工程专业学生。曾获唐立新奖学金，并获国家奖学金3次，综合奖学金特等奖2次、一等奖2次。获得第四届中国“互联网+”大学生创新创业大赛四川省银奖，第二届“日日顺物流创客训练营”全国铜奖等。4项发明专利公开进入实质审查阶段，1项实用新型专利已授权。毕业后去往上海交通大学深造。

莫听穿林打叶声，
何妨吟啸且徐行。
竹杖芒鞋轻胜马，
谁怕？
一蓑烟雨任平生。

——苏轼《定风波》

她登上角逐场，却未见浮躁意；她所求隔山海，但不曾有踟蹰；她站过高山巅，看过长流水，三千世界入一颗玲珑心。

她最爱苏子的洒脱不羁，不念风雨，只管凭杖前行。

古人古词愈品愈新，一卷苏词，一位妙人，便是我们今天的全部。

春无遗勤，秋有厚冀

“曾有学弟学妹称我为菲尔姐牌永动机，永动只是一种状态，而我绝不是在漫无目的地奔跑。”

在答辩会上，她自信地面对评委，侃侃而谈。

从西南交通大学交通运输与物流学院，到上海交通大学中美物流研究院，她始终用脚步追逐着自己“交通天下，物畅其流”的梦想，践行着“竢实扬华，自强不息”的精神，未有过半分懈怠。

“我觉得物流培养的是综合性思维，其中数学建模思维尤其重要，同时我们在参加科创竞赛时往往是作为统筹全局的队长角色，并不单纯做技术实现，这也得益于我们学习的综合性。”

物流工程作为一个综合性学科，包罗万象，涉猎甚广。跨学科科创，五花八门的课程，“上一节课还在连电路板，下一节课就学着供应链管理的理论知识了……”在如此纷杂的学科与竞赛中，她似乎找到了完美的平衡，不肯遗落一点希望地去兼顾每一个可能。3年中14门课程95分以上，42门课程90分以上，专业排名稳居第一，大二、大三学年平均分分别领先专业第二3分、6分之多。连续3年获得国家奖学金，并获得唐立新奖学金。累累硕果，正得益于这份“永动”的耕耘。

如今，在人生的春季洒下的种子正扎根大地，欣欣向荣，以漫山遍野之势对着朝阳挥手。

守其初心，始终不变

25个G的“团委”文件夹，1716个相关文件，创立交运团委公众号，首创诗词游园活动，组织三下乡实践……大一结缘学院团委，而后便是三年如一日的热情。

身处宣传部门，她自学PS、AI、PR等软件，并创建了“西南交大交运团委”微信公众号，一年内累计推送微信图文100多篇，收获2000以上的关注人数。

在永不熄灭的热情背后，是一份可贵的责任感在支撑着。大二那年，邱菲尔经历了角色的转换，从一名干事提升为副部长，她要独自承担的事物如海浪般涌来。邱菲尔感慨自己在团委付出的精力之多，为了赶上新媒体发展的势头，她创立了交运团委的公众号并推出了广受好评的新生攻略。她在任职期间首创的“诗风词韵话古今”诗词游园活动更是被评为“2017年校级大学生文化艺术示范活动”。电脑里名为“团委”的文件夹到如今已经有25个G，一份份策划，一个个视频，见证了邱菲尔对交运团委的热爱。大三那年，她作为团建工作委员会副主任，带领交运团委人取得了全校2017年度团建工作考核第一名的好成绩。

她的心里揣着一团火，亮得过星子，暖得过烈阳，文火煮茶般煨着这个世界，让人冬天未觉冷，夜里有月光。

东风知我欲山行，吹断檐间积雨声

“谁终将声震人间，必长久深自缄默。”她是一个执行力非常强的人，是一个经常在深夜持续运转的“永动机”。在面对困难和压力时，她总能督促自己坚持将计划进行下去。

行走在路上，邱菲尔参与过多次科创竞赛。大二起作为队长7次参加数学建模，共获得国赛省一等奖在内的7项奖项，获奖率100%。她认为数学建模最重要的不是奖项，而是培养了一种从模型角度去思考问题的能力，这对于她所学的物流专业也很有助益。

作为一名物流人，她广泛参加物流领域竞赛。海峡两岸物流仿真设计大赛中，她带领团队历时半年设计出一套158页97000余字的方案；在济南的决赛中她一举摘得全国特等奖，这也是交运该年度唯一的一个全国特等奖。此外，她还将互联网+四川省银奖等16项奖项收入囊中。

“曾有一个月里，我有三下乡材料提交+申优答辩、物流仿真大赛方案提交、建模国赛、国奖答辩等事情。3年里，我曾为一份方案书做出近百遍的修改，曾见过凌晨一点、两点、三点、四点、五点的交大，也曾无数次尝过程序崩溃、思路瓶颈的失落，但我从未放弃，并越战越勇。”

既欲山行，便乘东风，即便是檐上雨声连绵，她也能化出一番晴云。

既然参加了团队，那就担负着团队的信任，尽数承担所有的责任。邱菲尔一直认为，坚持既是对他人负责，也是为了不辜负自己的理想与期望。所以即便是为了一个细节的修改而伴随着凌晨五点的交大睡去，她也十分满足。

小舟从此逝，江海寄余生

邱菲尔的心境受到了自己“男神”苏轼的影响，作为一名旅人，邱菲尔从未丢下自己的行囊。

在冰川，感受积雪浮云端；在稻城，听永不消匿的风声；在若尔盖，看鲜花似海……无数的景致中，她尤爱稻城。“我喜欢走户外徒步旅行的线路，觉得挺有意思。原生态的景色真的很美。”她从前就特别向往318国道川藏线，所以在大一的暑假报名了户外团队去稻城亚丁。她说，在那个时候，《从你的全世界路过》还没上映，稻城也不太火，人不多，她从4200米的洛绒牛场爬到4700多米的地方看牛奶海和五色海，虽然非常累，但是觉得很有意义。

江流绵远，山岳巍峨，这世界不单纯再是谁眼中的风景衬布，而是溶着记忆与澎湃青春的湖光山色，住进她的心中，给予她力量。

“看过雪山、海子、森林、湖泊、草原、冰川，感受过5000多米的海拔，住过帐篷和寺庙……我始终相信，最美的风景、最好的体验，都在路上。我将自己的旅途所摄做成100张明信片合集，将旅途见闻写成攻略，这些都是青春时代的记录。”

“人生如逆旅，我亦是行人。”她如苏轼般纵一叶扁舟，往素履所向之地，不论日短夜长，路遥马亡。

“道之云远待求索，瞻彼日月寻明光”。“竢实扬华奖章”不是她的终点，在交大的4年磨砺亦是过去。来以行者之身来，去以行者之身去。她想做的事，愿去的地方，还有太多太多。

菲尔姐给大家的小建议

制订学习计划，不拖延；及时总结归纳笔记，保质保量完成作业；学习习惯和探索精神是最不可或缺的两个要素；没有一蹴而就的成功，都是点滴的积累；对自己负责，对整个团队负责；不在意一时得失，做一个宠辱不惊的人；敢于尝试，找到适合自己的方向；如果有深造的打算，一定要提前规划；三人行必有我师，善于发掘周围人的闪光点。

记者｜李成杰　刘姿兰

编辑｜赵婧平

张强：
恰到火候，凡事便成享受

张强　2017—2018学年“竢实扬华奖章”获得者。2015级人文学院广告学专业学生。曾获“国奖风采之星”“精神文明建设积极分子”，及西南交通大学优秀毕业生等荣誉。身兼交大新媒体中心学生负责人、广告创意协会会长、人文学院媒体中心学生负责人，西南交大赴凉山志愿服务队队长等数职。毕业后去往武汉大学深造。

这是一种流动的传递。

气质相差甚远的食材，从大凉山树上新鲜摘取的花椒，在缸中酝酿许久的豆瓣酱，遇热即化的牛油，披着警示意味的红辣椒等接连撒入锅中。

不清楚具体在等待什么，耳朵里像灌满了水，沉闷地翻滚。不知哪一个时刻，一颗花椒悄悄爆裂，辣椒籽随着辣红素渗透在每一片水域，就像坐在一旁静候的他的大脑中几亿神经元中的一个，悄悄爆裂，打破平静。

大学将社会缩小成微观而丰富的，正如一盆荤素俱全的火锅，就连那股迟迟留在你身上不肯飘散的气息都那么像。

“我觉得大学里最厉害的人，是那些吃到虾滑的人。”

鸭肠嘎吱嘎吱

小小的火锅被来来去去的人群包围，他们拿着筷子夹起属于自己的食材，有一个人一直守在旁边，享受着腾腾的热气，他掂起筷子将那片半透明的鸭肠放到深不可见底的锅中，他知道自己等不了多久。只要你夹着它不放手，鸭肠便是最容易吃到的食物。

张强也在初入大学时因为莽撞和迷茫而跌跌撞撞，“在高中时就发现自己还有很多不足，所以想在大一多多提升自己的能力”。

他善于反思自己却也还未得大学之道，在大一就加入了6个组织，他曾经有过这样的日子：下午六点钟下课，晚上讨论辩题到三四点，回去睡两三个小时后接着起床上早课，之后负责记者的采访任务，下午紧接着又开始上课。他尝试了各种事情，也经历了无数个忙得不可开交的日子。

当张强踩碎了迷茫，走过这些时光之后，他云淡风轻地和我们聊起往事：“面对迷茫的时候，我会选择去转移它。”转移的成本是试错，方法是拼尽全力。

太过心急的话，鸭肠是熟不透的；而太过放任的话，鸭肠又会变老：它是最容易吃到的食物，却又是最不容易“吃好”的。张强尝过了软糯着还未涮熟的鸭肠，也尝过了混着红油怎么都咬不烂的鸭肠。不计成本的付出总是与不可计数的回报等价，张强终于吃到了那根恰到火候的鸭肠。

逐渐的，相较于以前为各种事奔波，他开始有所取舍，选择了自己心灵所属的学生组织。

张强初进官微时正值交大120周年校庆，当时学校在成都市内进行了大规模的线下宣传，官微作为宣传学校形象的重要媒体组织，也相继推出了大量优质的推送。

张强和伙伴们积极打造宣传矩阵，最终交大以2.1亿次的阅读量霸榜新浪微博教育榜热搜第一，用18篇“十万加”推文成为当年全国高校新媒体前十强，打出了交大媒体品牌的名声。

写稿、编辑、修改和运营……张强在繁忙的学生工作中逐渐领略到媒体工作的魅力。直到今天，他仍带领团队打造“小微节”、增强校园“十佳媒体”评选力度、发起校园媒体“精英计划”……

张强成长为一个成熟的媒体人，并在他认定的道路上一直发光发热。

鸭肠被筷子紧紧夹住，时不时与豆腐、冬瓜、土豆等打个照面，然后各奔东西。豆腐、冬瓜和土豆在沸水的激荡下沉沉浮浮，而鸭肠却被迫伸向锅底——最接近火苗的，常人无法忍受之炙烤的地方。

坚持的过程急不得也怠慢不得，但结果着实会让人感到惊喜。

油碟独门调配法

一千个火锅客里有一千种油碟的吃法，张强敢于去研究第一千零一种。

作为一个广告人，张强与创意总有千丝万缕的联系；作为学生，他在大广赛和节能减排大赛上大展身手；作为官微的成员，他领衔发起校园媒体“精英计划”；作为班长，他又另辟蹊径在“忠忱班集体”答辩时带领班级拿下第二名的成绩……

人人都说张强是答辩能手，无论是课堂题报作业还是各类答辩，他总能用恰当的演讲技巧和亮点掌控气氛。

然而创意就只是他的灵光一现吗？那些绝妙的点子和新颖的角度只是因为他天赋异禀吗？

“我只是敢于去做别人不敢做的事。”

天赋或许并不是张强最锋利的武器，敢想敢做才是。

我们都不是天才，一味地谈“原创”可能是幼稚的。

“创新并不等同于原创，发散思维去联想、去模仿也是一种很好的方式。”

飘在空中的气球总有牵着它的那一根绳，脚踏实地地积累与不知疲倦地思考便是张强的这根绳子，他勇敢地去发现问题，跳出思维惯性的舒适圈，并一直将这根绳子牢牢地抓在手里。

虾滑圆滚滚

满怀期待地把虾滑下进锅里，我们小心翼翼地用勺子把他们氽得尽量圆些。滑腻的小团子见了滚烫的汤水瞬间变得光滑起来，它们淘气地逃窜起来，故意让人找不见踪迹，只能让你在品尝其他东西的时候也暗自着急，这是一种狡猾的食物，想吃到它并没有那么容易。

张强也知道，很多事情并不容易，然而他从不慌乱。

每天与形形色色的人见面，处理班级事务和学习，操心新媒体团队的运营。张强习惯了忙忙碌碌的日子，却也知道，自我的沉淀有多重要。

他对理论和实践的关系有着清晰的认识：“实践能力决定你的下限，而理论知识决定你的上限。”他知道成绩是一个人的“门票”，也太清楚，那些最基础的东西意味着什么。

张强喜欢让自己长时间处于同一种状态干同一件事，即使是面对一件复杂紧急的事情，他也不去担心时间或者后果。在不受时空压迫的世界里，他将自己沉静下来，效果往往会出人意料。

温书、听歌、写作……张强喜欢在一切都沉静下来的时候去思考，然后再将生活中的点滴感悟用文字记录下来。

“别人不会打扰到你，很安静，特别主观，好像在掌控这个世界。”

在他的生活中，写作也许不仅仅是爱好那么简单，亦是他不断推翻自我并重建的过程。

小小的火锅被来来去去的人包围，他们拿着筷子夹起属于自己的食材，这个人仍然守在旁边，看着别人将食物不断捞起吃掉，看着锅中沸水的颜色由浅变深，又由深变浅，看着周围的世界由清晰变模糊又变清晰。看着看着，明亮的日子从身边过去，灰暗的时空也消逝不见；看着看着，一颗虾滑冒出水面。

记者｜杨博文　刘晏榕

编辑｜李雨畔

张雅新：积铢累寸，洒下粲然星光

张雅新 2017—2018学年“竢实扬华奖章”获得者。2015级电气工程学院电子信息工程专业学生，成绩名列专业第一。曾获数学建模竞赛国家二等奖，并获其他数学建模校级以上奖励4次，西南交通大学特等综合奖学金2次、一等综合奖学金2次。担任学生助理值班时长累计900个小时，服务人数达1000余人。毕业后去往西安交通大学深造。

星星发亮是为了让每一个人有一天都能找到属于自己的星星。

——安托万·德·圣·埃克苏佩里《小王子》

如果你只听过张雅新的答辩，是很难将那个在答辩台上铿锵霸气的女孩和平日里这个比丁香还要温柔的姑娘联系在一起的。木质香调通常含有檀木、雪松、香根草，吸入鼻腔的每一缕空气都被揉进不知是松木还是花香般优雅低调且富有质感的分子。如果用一种香调形容张雅新，木质香调再适合不过。

这个声称自己浑身充满着硬气的女孩，眼眸间却倾泻着温柔的微光。她的笑像极了六月的夜空——萤火点点，流动不居的轻风摇动着屋前悬挂的风铃，散下栀子的淡淡清香，偶尔滑落天际的流星，珍藏着无数人握紧双手默默祈祷的美好。

遥远的星河下，她凝眸仰望

一股雨后特有的泥土香气漫入鼻息，夜空中星星们悄然出现，不遗余力地照亮着自己的周围，一颗，两颗……绚烂的星河映入那个注视着它们的女孩眼中。

填报高考志愿时，张雅新毫不犹豫地选择了电气工程学院。当她微咧嘴角回忆3年大学生活的点滴过往，她表示选择交大和电气工程学院是自己的幸运，从未后悔。“从某个角度来说，人所处的环境决定其发展前景，我很感恩自己能在学校、学院和班集体的共同关怀中成长。”

张雅新用“平淡”二字概括自己获得“竢实扬华奖章”的感受。“荣誉虽好，但那是外在的东西，我更看重自己所掌握的知识和技能。”在张雅新看来，所有的荣誉都是自己人生路上的一个个节点，“我不会因为荣誉而止步不前，以后的路还很长”。

“以外公为代表的老一辈人经常勉励我，国家要发展，需要我们青年人的才智和热忱。”这些话语带给张雅新信心和勇气，让她选择站在科技发展的前沿，主动接触新知识，结识志同道合的伙伴。张雅新希望当她回首往事时，会因为自己的远见而庆幸，也会因为自己的坚守而欣慰。

她知道每颗星星起落的轨迹

青云渐浓，繁星在云的隐匿下起落如常。女孩为每颗星星起了名字，她站在夜空下，热情地与它们打着招呼，她轻轻挥手，指尖拨动着闪烁流光。

在老师和学长的推荐下，张雅新与数学建模比赛结缘。拓荒之路总是显得漫长而又险峻。熬夜、查资料、调试程序，连续不断的失败加上毫无头绪的难题，当星星点点的失落悄无声息地汇聚起来时，会在某个特定时刻给人沉重一击。张雅新不止一次想过放弃，但老师和队友的鼓励让她在低谷之处决定放手一搏。那次建模比赛张雅新拿到三等奖，也是她的第一个数学建模奖。正是因为这段经历，张雅新温柔的眼神中多了一丝勇毅之火，“没有坚持到最后为什么说自己不行呢？”

在张雅新看来，一个人想要获得长足的进步，必须不断突破自己狭小的圈子，用全新的目光审视这个世界，以获得新的知识，拥抱新的可能，否则只会见识短浅，坐井观天。

你会惊讶于女孩可以毫不费力地叫出所有星星的名字，可你永远都不知道，每一个星星与女孩之间，都有成百上千个故事。每一个故事里，女孩与星星间有成百上千次对视。

夏夜萤火，她与繁星共舞

星光散漫，织成一条银白色的丝带，与女孩跳了一支氤氲着香气的华尔兹。旋转、滑步，女孩开心地笑着，星星明亮地闪烁着。星星慢慢将女孩包围，将最温暖的光送给女孩。

"'温暖、上进'是我们的班训，也是我对班级建设的要求。"如同明朗的春光，电子2015级2班让每个"家人"在这里找到了一份强烈的归属感。张雅新作为班长，大到为同学们安排四六级模拟考试，小到为班级同学过生日，每件事都亲力亲为，不断营造积极向上的班级氛围。

"服务"二字贯穿于张雅新的大学生活。从大一加入电气工程学院学生事务中心起，张雅新值班时长累计达900个小时，服务人数约1000人。支撑着这些数字的不仅仅是学生事务中心"服务他人，提升自我"的宗旨，还有一份张雅新对工作的责任感。倘若以植物喻君子，张雅新当如兰：在雨水的滋养下悄然绽放，虽不争奇斗艳，但总能奉上一缕清香。第35届控制会议志愿者、开学火车站迎新、三下乡活动、无偿献血，她在志愿服务这条路上一步一个脚印地走着，把温暖带给需要的人，也携着幸福感满载而归。

反差感成为张雅新极具吸引力的标志之一。她的另一个身份是校篮球队的主力成员。小学开始就偷偷坚持自己的爱好，如今成为她提高自己幸福感的重要方式。张雅新曾三次代表学校参加全国大学生篮球联赛，均作为首发主力队员几乎全程上场。

拥有多重身份的张雅新将紧张与忙碌视作一种享受和充实。大三的时候，球队一周要训练三次，社团需要统筹安排，加上自身相对繁重的学业，她每天忙得不可开交。张雅新习惯于提前一周规划下周的待办事项，有条不紊地安排自己的生活。她说："有规划地做好每一步，时间就不会不够，越忙碌，越会懂得时间的宝贵。生活充实一点也没什么不好。"

那夜，只见她眼眸中隐着笑意的星光

星芒映入她的瞳孔，连空气也是糖果味的。女孩的笑，点亮6月最动人的星空。

谈到想要感谢的人，张雅新滔滔不绝地列了一堆，并不断为他们的先后顺序纠结。学校、学院老师，球场上的队友，事务中心的小伙伴，还有她的室友，在她的口中都是美好的存在。只有无瑕的眼眸才会折射出这般无瑕的世界。在张雅新眼中，身边的一切都在指引她成长，每一天点点滴滴的积累都为未来铺好了路。

对于未来在西安交通大学的研究生生活，这个硬气女孩起初也感到害怕，但现在她看得越来越通透，对未来的想法也越来越理性——没有一蹴而就的成功，每一天都要走好脚下的路，总结昨天，充实今天，挑战明天。

穹顶挂着的似火骄阳，
路边不知疲惫的街灯，
草原雄浑热烈的篝火，
都不及你的眼眸和在星光里冒泡的笑。

记者｜鲍娟　董文韬

编辑｜王貌

PART3
热　风

愿中国青年都摆脱冷气，只是向上走。
能做事的做事，能发声的发声，有一分热，
发一分光。

——鲁迅《热风》

唐骥骅：愿做一颗向上生长的种子

唐骥骅 2016—2017学年“竢实扬华奖章”获得者。2015级茅以升学院力学专业学生。当时唯一一位大三年级“竢实扬华奖章”获得者。连续4学期名列专业第一，连续4次获得特等综合奖学金、唐立新奖学金在内的8项奖学金。8次建模8次获奖，作为第一发明人申请实用新型专利，参与一项省级科创项目。毕业后去往北京大学深造。

你如何感受到春天的到来？是樱花漫天、桃色夭夭？还是柳条抽绿、燕子北往？我所感知的春天是从种子的苏醒开始的。

随风潜入夜，润物细无声。雨水入土，为报春至，挟带浓浓生机的春意恍若于顷刻之间填满大地，浸润了一方水土，也悄然唤醒了藏身于其中的小小种子。

作为我校2016—2017学年“竢实扬华奖章”唯一一位大三年级的得主，唐骥骅大学生活的打开方式似在笔者意料之外，细想却也合乎情理。他就像这颗将要苏醒的种子，充满信念，志趣高远。

唐骥骅热衷于飞行器发动机的研究。研制属于自己国家的高级发动机，是他一直追求的目标和理想。

说到理想，唐骥骅不免回想起大一的时光：“大一的周末我从没去过春熙路、逛过宽窄巷子，现在回想起来，那段时间我就像疯子一样，一有时间就待在图书馆里。当时就一个想法——大学应该努力学习。”热爱物理的他由于种种原因，最终在高考结束填报志愿时选择了与物理有较大关联的力学专业，虽说与自己的初衷有所不同，但这并未阻拦他向前奔走的脚步，像是种子在努力地破土而出，唐骥骅一次又一次用与图书馆为伴、与凌晨星辰同行来填充自己。在这个过程中，基础被一点点夯实，运气被一点点累积，成功也在一点点靠近。

种子的破土伴随着周边孤寂黑暗的氛围，对光明、对生命的渴求成为它冲破阻挠的强大动力。坚硬的岩石、盘踞的树根……唯有奋力拼搏是触碰到希望最直接、最有效的途径。

唐骥骅第一次参加SRTP（Student Research Training Program，大学生科研训练计划）是在大一。原则上SRTP不推荐大一学生参加，但大一时期便成功申请并主持一项SRTP项目，也许是唐骥骅最为骄傲的事情之一。世界上本来没有那么多的条条框框，甘于平凡的人多了，规矩和原则也就多了。规则束缚不住那些灵动的大脑，也束缚不住敢于打破规则的人。唐骥骅坦言，科研竞赛并非是一条好走的路，摆在面前的第一道门槛就是专业知识。由于刚上大一，对课题知识的储备几乎为零，无论是基础概念还是实验方法、数据分析都需要现学。临近结题的那段时间，唐骥骅经常往返于图书馆和实验室之间，几乎将所有时间都花费在项目上。功夫不负有心人，他的课题最终在指导老师、学长的帮助和队友的共同努力下顺利结题。

种子顶开最后一层泥土，终见天日。这个世界充满着色彩与变化，不再是漆黑一片、永恒定格。从叶隙间投下的光斑洒在它身上，它感到一阵暖意，顺着身体缓缓向下散开。它在那一片小天地享受着自然给予万物的美好。但它并不满足，它渴望看得更多。

交大凌晨的夜景、清晨太阳的初升，甚至是除夕当天早晨从犀浦出发的第一班地铁，都见证了唐骥骅为追逐梦想而不断前行的身影。3年来，唐骥骅参加过4次国赛、8次省赛、数次校赛，8次建模8次获奖，并于物理学术竞赛中创造了我校最好成绩，还在寒暑假与队友留校进行科创研究。此外，他还有一项作为第一发明人的实用新型专利——一种基于压电效应的自供能遥控器。凭借着突出的个人成就，唐骥骅被评为2016—2017学年“竢实扬华奖章”获得者。面对这些沉甸甸的荣誉，刚大三的他却显得淡然。“刚开始会很高兴，之后内心就会变得很平静。这些荣誉不仅是对你能力的认可，更会鞭策你不断向前，不停止向前的脚步。”

担任物理协会会长的经历让唐骥骅感触最深的是“责任”二字，虽然成为物理协会会长是唐骥骅未曾预料到的一件事。原本只是去参与换届投票的他意外被协会其他成员推选成为会长，即使是个意外，但他仍牢牢坚守这份责任。在担任会长期间，唐骥骅借助物理学术竞赛的机会与其他高校物理协会建立了紧密联系，共同探讨协会发展。此外，他还在协会内创立了新的部门，并调整其内部结构，吸引了更多热爱物理的同学加入协会。

同时，唐骥骅还担任过茅以升学院“朋辈导师”、九里图书馆志愿者、寒假宣传志愿者、全国中学生物理竞赛志愿者。在一次次奉献自我的过程中，他获得了“二星级志愿者”的称号。他将交大学子的责任铭记在心，努力践行“竢实扬华，自强不息”的交大精神。

种子继续向上生长，外面的世界那么大，种子想看个够。终于摆脱低矮的小草，来到一片更广阔的天地。这里有更多新事物出现，它喜欢观察云卷云舒，喜欢感受风起风落，更喜欢仰望星隐星现。

唐骥骅是一个不折不扣的“吃货”，成都的各种美食他基本都尝试过。除了酷爱美食，旅行也是唐骥骅的一大爱好。比起观赏人文风光、游览古建筑群，唐骥骅更偏爱自然山水。九寨沟给唐骥骅留下了很深的印象：苍天的古树林静默地立在那里，风透过缝隙吹过，拨开五彩水面的涟漪，惊动池里的几尾小鱼，晃动落叶左右摇摆，耳畔传来瀑布巨大的水流声……自然的纯粹让唐骥骅内心寻得一片宁静。

支教是唐骥骅一直希望去做的事情，每当看到朋友圈中好友们支教的照片，他心中的期望就会多一分。他想看孩子们纯净的眼睛和坚定举起的双手，想看他们正襟危坐、专心听讲的样子，他希望将自己所学的知识以孩子们所能接受的方式教给他们，让他们看到自然的无穷魅力。他希望鼓励孩子们到大山外面闯一闯，既是开阔视野，也是融入社会。

不久后的某个午间，种子会结出无数白色的绒球，然后乘着风去到每一个它想到的地方。世界那么大，种子从未停止前行的脚步。

昨夜星辰，或许暗淡无光；今日之子，早生灼灼光芒。一腔赤子热血，一腔家国情怀。航天梦、支教梦，他的梦，未来在何方？黑夜之下行人不语，待星光最是耀眼时，行人驻足赏星辰，他继续前行。

记者｜王貌　麦启欣

编辑｜刘劲楠

蔡经鑫：
时间是人类的错觉

蔡经鑫　2016—2017学年“竢实扬华奖章”获得者。2014级信息科学与技术学院物联网工程专业学生。成绩名列专业第一，专业课平均93分。曾获大学生智能汽车竞赛全国总决赛一等奖、恩智浦杯大学生智能汽车竞赛西部地区一等奖及五一数学建模竞赛三等奖等奖项。毕业后去往电子科技大学深造。

宇宙苍茫，人的一生仅仅是一瞬间；塑造自身，却需要朝朝暮暮的雕琢。快和慢、短和长，并不是很重要，只要錾刀不钝，不造作、不夸饰、不张扬，生命终会在熨帖中开出最美的花。

——高伟杰《品味人生智慧果》

熨帖并不是要人不思进取、随随便便，而是要坦然接受、顺其自然，不躁进、不强求、不悲观、不慌乱、不忘形。当有一天，你终于迂回地到达了想去的地方，才会惊讶地发现：原来之前走过的一切，都只是通往这里的必经之路，少一步都无法塑造出今天的你。

所谓命运

和时间的相遇，仿佛一场捉迷藏游戏。

少年伏身于白马旁，平淡安详。

再抬眼，便有了方向。

“我有一点信命，觉得一切都是最好的安排。”

于是，无论高考成绩、录取大学还是所学专业，他都坦然接受，不曾在心中掀起太大波澜。所谓“人生过客无来处，休说故里在何方”，随遇而安又何尝不是一种选择？

或许生性乐观豁达，生活中几乎从没有什么事让他烦心。哪怕科研竞赛时间紧迫，哪怕学生工作接踵而至，他从未应接不暇，甚至连一丝烦躁都不曾有过。

但是他做事又极其认真，一步一步按照自己的节奏前行，高中如此，大学亦然。于他而言，奋斗就是每天做好手头的每件小事，不拖拉、不抱怨、不推卸、不偷懒。从平淡无奇，到异军突起，他不急不躁，淡然处之。

每天一点一滴地努力，才能汇集起万千勇气，带着他的坚持，引领他到想要到的地方去。

目标

如果没有目标，所有航行都只是漫无目的的冒险。

大一时的他还是个十足的“网瘾少年”，浑浑噩噩，只靠着高中剩的一点劲头勉强维持成绩。后来，周围越来越多的人开始考虑自己的未来规划，正是在那时，他，有了“保研”这个目标。

谈及有何保持优秀成绩的“秘诀”时，他笑着说：“当第一很有意思，考过一次就上瘾了，所以一直努力保持着。”

当一个人与追求同行，坎坷是伴，磨难也是伴。喜马拉雅直冲霄汉，可上面有攀爬者的旗帜；阿尔卑斯山壁立千仞，可里面有探险者的身影；雅鲁藏布江湍急浩荡，可其中有勇敢者的故事。

蔡经鑫的心中自有一方天地，一切事情都有条不紊地进行。拿最简单的作业来说，他从来都有一套自己的进度，而且往往领先老师布置的内容两三天。制作表格、统计信息的社团任务，更是在零散时间便已完成。

“很多人一直在拖延，殊不知拖到最后，忙起来也是在瞎忙。”

时间的边角料在他手中，缀成了一袭华美的袍。

安之若素

我们常常为错过一些东西而感到惋惜，但其实人生的玄妙，常常超出你的预料。

无论什么时候，你都要相信，一切都是最好的安排，坚持，努力，勇敢追求，风景变幻，人世无常。顺其自然的力量，神秘、莫测、闪着光，就这样突然地把意外带到你的世界中来。

蔡经鑫的保研路可谓坎坷，在最后关头出了意外。提交申请的时间本就晚，却在最后阶段得知政策发生了改变，换成别人遇到这样的情况一般难以接受，然而蔡经鑫却能欣然接受。

最终他选择了电子科技大学，凭借着骄人的成绩和足够优秀的表现，他当场获得了电子科技大学的录取通知书，留在了他挥洒了四年激情与汗水的城市。虽然不是最理想的结果，但对于能够继续留在成都，蔡经鑫还是很开心。遇见什么人，看见什么风景，在哪儿靠岸，在哪儿启程。他对已知和未知的一切都充满期待，他相信：一切都是最好的安排。

发生了就接受，接受之后就去热爱。蔡经鑫对遇见的所有都欣然接受，所以他活得快乐又洒脱。

做别人生命中的加号

“我觉得自己很幸运，总能得到别人的一些帮助。”

“那可以说您人缘很好喽？”

“可能是吧，我确实从来没有和同学发生过矛盾。”他腼腆一笑。

所有成就的背后一定有许多人在有意或者无意地帮助你。一路走来，蔡经鑫愈发感受到，他人的帮助给了他前进的不竭动力。担任助理辅导员时，老师为每一位助理辅导员做了性格测试，根据他们不同的性格下达任务，给予帮助；智能车竞赛时，两位队友和其余组队员与他互相帮助、砥砺前行，让他倍感温暖；甚至“竢实扬华奖章”的获得，也少不了学长给予的帮助。

“我觉得自己有必要将这种帮助传承下去，给予学弟学妹们更多帮助。”

于是他在担任2016级助理辅导员时，为新生送奶茶、发月饼，并且带领班级获得“院领航班集体”称号；担任信息学院“3S科技创新基地”副部长，在任期间组织科创竞赛、讲座，服务1000余人，指导同学获得10余项奖项。

“每年八九月份我都嘱咐我所带班级的班委组织大家合影，现在我虽然保研去了电子科技大学，但还在成都，还能陪他们接着照下去。”说着，他的嘴角溢出温暖的笑容。

3年前，16岁的蔡经鑫怀着向往进入交大求学；3年后，19岁的他站上“竢实扬华奖章”的领奖台。

他左脚迈出的黎明永远被右脚的黄昏追随，季风一目十行，读着他心中的理想，相信长如一生，他的足音常铿锵。

记者｜刘钰杰　徐林溪　韩芳平

编辑｜韩芳平

曹佳：
生命是一棵长满可能的树

曹佳 2016—2017学年“竢实扬华奖章”获得者。2014级公共管理与政法学院公共事业管理专业学生。荣获西南交通大学“三好学生”称号、西南交通大学“三星级志愿者”称号、四川省大学生“综合素质A级证书”等荣誉。曾获第七届中国服务外包创新创业大赛国家二等奖，参加亚洲公共管理学会（AAPA）2017学术会议。毕业后去往复旦大学深造。

如果你抬起笔，甩下一道脱离构图的墨迹；如果你奔跑着，目力所及难觅终点；如果你张开眼，面对着茫茫无际的陌生人海；如果你听见风声，都朝着背后的地平线吹去……

你会怎样？你还会不会沿着起点向下勾勒？你还会不会压抑着疼痛迈步？

你还会不会有勇气径直走进其中？你还会不会不抱憾不回头？你会吗？

曹佳会。

在风起雨落间破土

当前途充满变数，该如何面对生命中的所有可能？每个人都在迷茫的年纪，前往充满迷茫的地方，而曹佳也不例外。离开熟悉的高中，来到不熟悉的大学，面对着陌生的专业、陌生的学科、陌生的人、陌生的事。

最初的尝试，总是缺少尽如人意的顺利。面对近60页的商业策划书还没见到评委便已经夭折在摇篮里的事实，虽然心有遗憾，但曹佳依旧能坦率地承认策划书存在的不足。于是，“萌芽杯”成了曹佳奔向成功的萌芽。站在成功的今天，回望失败的昨天，曹佳用行动证明，不承认失败，成功也毫无意义。

一棵嫩芽从破土而出的那一刻起，就面临着风霜的考验。它可能是这样，也可能是那样；它可能会开花，也可能会结果。没有人知道最终的答案，就如同生命一般，充满无限可能。

每一个起舞的日子

如果这开端带了点偏差，余下会是充实还是虚度？曹佳不愿辜负自己的大学时光，她选择以理科生的身份，全心投入管理学，并渐渐发现了其中的乐趣与意义。大一两次三下乡的经历让她真正深入乡间，也使她对公共事业和社会治理的概念在心理上有了更多的认识。

“教育卫生等公共服务和公共物品都与大众的生活息息相关。而我的专业真的能服务大众。”在后期研究方法的学习中，她理科生的身份竟变得不可或缺起来。“管理学需要文理兼修，不止要在文字上投入研究，还需要分析数据和问卷结果。”

面对偏了轨迹的起点，她扬起漂亮的舞步，轨迹绵延出图画，掩盖了起初所有的遗憾与不甘。“在近代史、政治学等方面还是存在短板，文科思路有欠缺。”但她也说，“多学多练，一切都会变好”。

她从一个曾经只讲逻辑求数据的理科生蜕变为一位兼备人文素养和答辩口才的逐梦者。

在努力的力量下，一切都会变好。

要是能重来

“如果再给你一次重新选择的机会，你会选择什么专业？”

“如果是大一的话可能会坚持选择一个理工科专业，但是通过这4年的接触，我一定还是会选择公管的，这一次，是我主动成长为一名公管人的。”

“主动成长”这件事极为不易，心甘情愿地追逐所爱才会义不容辞地“主动成长”。如果这样定义的话，或许未来真的如她所愿，在公共事业领域做出一番事业——为民生做出最大的贡献，让所学真正地服务于大众。学校以立德树人为先，学子也应有担道义之举。曹佳这样有气概、有责任感的人实在是“竢实扬华”精神的美好诠释。

对话中，她沉稳又不失风趣，语气轻和而眼神清澈。“迷茫的时候、不知道该干什么的时候，就学习吧。知识的积累一定会帮助我们度过抉择的艰难，学习是不会有错的。”靠知识和见识走出迷途的曹佳如是说。

生命如同奔流的江河，最终汇向自我的汪洋。“找自己”这件事也讲究因缘际会，人生需要的或许恰恰是一个个阴差阳错的误会，长满可能的树、结出充满乐趣的果，或许其中你需要做的，仅仅是享受这种奇妙罢了。未来的事情谁知道啊，先把脚下的路好好走完，你说呢？

记者｜马芷荃　赵婧平　郭玥

编辑｜申天文　崔昂

江沐子：金粉沐子

江沐子 2016—2017学年“竢实扬华奖章”获得者。2014级外国语学院汉语国际教育专业学生。曾获唐立新奖学金、国家奖学金、“外研社杯”大学生英语写作比赛四川省一等奖、大学生法律协会模拟法庭比赛二等奖、优秀毕业生等多项荣誉。获文学与管理学双学士学位。跨专业保送至西南财经大学会计学院。

匆匆流年过，时光不再来。东逝水般的年华里总是有太多“昨日之日不可留”的自我慰藉，也有不少“得之我幸，失之我命”的无限喟叹。

这个世界总是有太多遗憾，但也总有那样的勇者，择一条路，执一份念，风雨中不熄心火，波折中不为所动，在种种遗憾错过中开出惊艳的花。这不肯停步的旅人，正在向我们走来。

心之所向皆吾往

站此时此刻，望彼时彼刻，江沐子眉宇间皆是释然。

“竢实扬华奖章”得主，双专业第一，保送至西南财经大学财务管理专业硕博连读……世人只看到这明丽的花，却不知道它历经的风霜磨难。

千军万马独木桥，被汉语国际教育录取的沐子在这一切起步时就已经与梦想偏离。对会计专业的执念鼓舞着她在第一年砥砺前行，但伴着成绩第一而来的并不是期待已久的转专业。

“交大的会计专业只收理科生，而我是个文科生。”

这无疑是场浩劫，但勇士去意已决。大一下学期，会计课上出现了她旁听的身影。“对于会计专业，我是零基础。”自学高数，积极向老师请教问题，每天早晨六点穿梭于交大，深夜在自习室站着复习，这一切的一切都是她奋力奔跑的模样。

走在路上听英语听力，做到课前认真预习、课间不放过每一秒的机会去请教……她坚持了我们平常坚持不下来的事。成功的路上，时间管理是她最重要的帮手。

“当然也会有想要放弃的时候啊，可是总有榜样的动力驱使我前进。”辩论队的优秀前辈，身边努力学习的闺蜜，做不下去那道题的时候，想到榜样就更清楚自己想要的是什么，想要做的是什么。“榜样对于我来说真的非常重要。”

终于，在大二下学期，沐子以专业第一拿到外语学院两名二专名额中的一个。

“竢实扬华中我最看重的就是‘竢’字。它意味着沉淀，积累人生经验。这个过程注定非常辛苦，但一定要踏踏实实去做，为以后的成功打好基础。”

功不枉使，地不亏人。如是坚持3年的沐子终于叩开了那扇一度将她拒之于外的门。会计二专平均分92.47，其中大二下学期的高数A高达96分。

若是心之所向，虽千万人吾往矣。

念念不忘得回响

勇者磨刀出鞘，在双专之路上寻得的是不曾预见的热忱。

“每一个数字都是会说话的”，学习会计之后，会发现简简单单的数字不仅是历史的记录，更是预见未来的双眼、规避风险的盾牌。“解读数字需要理性的分析，同时又可以基于理性分析去做有风险的投资。”她说这些话时，脸上有些激动得泛红。

也许最开始对会计专业的执念来源于母亲的“唠叨”和自己那一份不服与好奇，但现在，这些数字、公式、图表已成为她无法背弃的挚爱。

若对会计的追求是开花结果，那么汉语国际教育则是生根发芽的地方。“若懈怠原专业学习的话，会对不起之前老师们的谆谆教诲，对不起他们的敬业精神，也对不起自己之前的努力。”3个“对不起”，是沉甸甸的。

全国英语口语测评大赛全国二等奖，“外研社”全国英语写作大赛校区特等奖，“外研社”全国英语写作大赛四川省一等奖，在省创SRTP项目中累计翻译英语新闻9万余字，初步建成专属于成都的英语新闻语料库……一份份耀眼的荣誉，这个温柔的女孩带着对汉语国际教育深深的眷恋，是她最柔软的坚持。

生活不会辜负一步一个脚印的人，你需要的只是静静地去坚信、去坚持，等待那个一举绽放的时机。你看啊，千山万水地行去，定会走上一条梦寐以求的路。

念念不忘，必有回响。

但行好事不迷茫

人生总是在不断地做选择题，有很多是没有标准答案的单选题。

当被问到人生信条是什么时，她说："坚持自己所坚持的，这样就不会后悔。"

"本专业保研的话可以去北大、北师大，身边太多人劝我三思。"但是啊，热爱的东西不在乎别人怎么看，坚持自己坚持的就不后悔。红色性格的她，骨子里透着那股执拗和坚毅，在这件事情上坚定不移。

或许在别人眼中，她的大学生活没有多么轰轰烈烈、荡气回肠，沐子自言并不聪慧，所以需要更多质朴的努力去弥补那份"拙"，需要更多的舍弃去追寻自己的追求。努力和结果是不是呈正比，她不去考虑，在意的只有是不是自己热爱的。因为双专，考试周来临时从天还没亮到夜色已深，有时候为了复习每天只能睡4个小时，咖啡和站立姿势是最佳拍档。"当然累啊"，但热爱太炽热，熔得所有的委屈灰飞烟灭。"热爱"一词拥有所有青春路上奔跑姿态的最高解释权，拿出来全部的心甘情愿就可以再战一场又一场。

"以后的话，我想做《欢乐颂》里的Andy那种人吧，自身非常优秀，却不是冷血精英，而是同时有着一颗柔软善良的心灵。"

"你背单词时，阿拉斯加的鳕鱼正跃出水面；你算数学时，太平洋彼岸的海鸥振翅掠过城市上空；你晚自习时，极地中的夜空散漫了五彩斑斓。但是少年你别着急，在你为自己未来踏踏实实地努力时，那些你感觉从来不会看到的景色，那些你觉得终生不会遇到的人，正一步步向你走来。”

这是沐子在踔实扬华答辩会中说的话，也是她一直以来努力的体现。漫漫迷途终有一归，但行好事莫问前程。

她是别人口中的“大神”，亦像这个年龄的女孩子一样，喜欢精心制作可爱的小甜品，拍一拍好看的照片，和朋友吃饭旅行看演唱会，脚踏实地、活出自我。她是个通透澄澈的人，清清楚楚地认识自己，明明白白地脚踏实地，坦坦荡荡地拥抱铭刻着属于独特“沐子”印记的灿烂千阳。

记者｜马芷荃　赵婧平　郭玥

编辑｜申天文

冷子珺：
灼灼璞玉酝珺华

冷子珺　2016—2017学年“竢实扬华奖章”获得者。2014级机械工程学院机械设计制造及其自动化专业学生，创下机械专业5年来的最高综合分96.110分，39门主干课程中90分以上的达23门，多门课取得96分以上高分。获得了包括全国大学生数学建模竞赛全国一等奖和全国大学生机器人大赛全国三等奖在内的共8项国家级和省级奖项。毕业后去往上海交通大学深造。

《易经》乾卦象辞有五：潜龙、见龙、惕龙、越渊、飞龙。太璞成珺，精雕细刻是如此。一个人，厚积薄发到出类拔萃亦是如此。今夜不妨以夏为酿，睹珺华之光。

潜龙勿用，见龙在田

刷题、泡图书馆是延续高中学习惯性的冷子珺在初入大学时最频繁的活动。“刚入大学时自己了解不够，只是单纯地针对基础课程进行自我提升，后来才发觉自己学习的东西太局限了。”这种不满足的意味渐渐强烈起来，拥有保研决心的冷子珺迈出了竞赛路的第一步。知识型、基础性的数学竞赛是兴趣之源，印象最深的机器人大赛也在反复调试中实现了突破。

“竞赛对我的意义不仅在于专业素养的提升，让我在更高的平台里开阔眼界，接触到热门技术和创新理念，更令我体悟到团队精神的重要性，从而更好地在团队合作中找到自己的角色和定位。”

长期的知识积累混合丰富的竞赛实践，打磨出太璞成珺的可能。机械专业5年来的最高分和8项国家级、省级竞赛奖项是冷子珺踏实的答卷。他一腔热血倾注于清晰的目标之上，是掌控时间分配的优秀把舵人，亦是同煎熬并肩赛跑的突破者。

夕惕若厉，或跃在渊

“兴趣是你主动做出抉择的出发点，而压力则是在兴趣与现实相对立时激励你的动力。”困难总是与成功并肩，而冷子珺认为突破是克服压力的一剂良方。长久的苦闷辅之点滴突破几乎是他在机器人大赛里的全部，找原因寻可能无非是执着于所爱之事。那段平均每天7个小时浸泡在实验室里的苦涩，白昼至阑珊；那些零星的图纸，擦了又画；那些夜晚的11点，疲惫身心。3年里坚持跑步行程逾2500千米，图书馆里专业书的位置烂熟于心，一次占座机缘萌发的感情。这一系列从未拥有过的体验让一个“不忠实”的技术家被生活赋予更多能动主观色彩。不再同过去一般局限于知识的满足、形单影只的枯燥，而是走出课本，主动学习，体会爱，学会爱，懂得被爱。

越渊式的突破离不开冷子珺身边的人。“很感激大一时加入物理协会时的部长，他是第一个将我领上正途的人。”掌灯者的规章解读、时机把握、经验传授如同一盏盏明灯为他拨开迷雾，照亮前行之路。冷子珺也用3年的扎根、1300余份物理复习资料的参与编辑表达了自己的感恩。

谈及4年时光里无法忘怀的记忆，大概是王英老师分享的小数点的故事和曾老师对实验的严谨态度。责任与自信的两粒种子，造就出独当一面的一片森林。这些潜移默化的影响用他的话来讲是：“意志坚强的个人并不缺少，但在长久的磨炼下，团队的力量总是更为强大。”

不设限、寻突破是他的秘诀。终日乾乾，反复道也。太璞成珺，便终其所愿。

飞龙在天，“珺”酿其华

男孩不再腼腆，遇事不再惊慌是冷子珺最大的变化，同家人、恋人、朋友之间的相处也愈发宽容、成熟。如果非要给现在的自己定位，一个耐心、踏实、有责任心的人，一个两点一线徘徊于研究生入门阶段的生活状态会是最好的答案。优秀的人也会反思：“自身的不足之处大概是只顾跟着兴趣向前，有时候反而会缺少一点大局观念。”

他在竞赛里沉着冷静，也会在恋人面前温柔体贴。他热衷逻辑排列的符号数字，也偏爱小说里奇幻浪漫的文字。就是这样的一个冷子珺，在大学的4年时光里与时间赛跑，同压力并肩，以自信坚毅为色调雕琢自己的潜力。

“有什么建议要送给学弟学妹们吗？”

“找到自己感兴趣的事情，找到志同道合的小伙伴。”

太璞成珺，珺酿其华，这就是冷子珺。灼灼如星，鸿骞凤立，在这个夏日酿造出属于自己的芳华。

记者｜郭杨　李雨畔

编辑｜崔昂　许文婷

林代春：
谦谦内敛美人骨

林代春　2016—2017学年“竢实扬华奖章”获得者。2014级心理研究与咨询中心应用心理学专业学生。曾获唐立新优秀学生标兵奖学金、四川省优秀毕业生等荣誉。毕业后去往华东师范大学深造。

问之："何为美人？"答曰："纤手，漾眸，柔腰肢。"

问之："何为风骨？"答曰："行正，意真，端善恶。"

美人骨，在骨不在皮；世人大多只见皮相，未见骨相。今日，便让我们眼孔明开，共识谦谦内敛，温润代春骨。

时间：2017年11月21日

这天，是林代春荣获"竢实扬华奖章"的日子。

能言善辩、掷地有声、神情自若，似乎与初识她时的印象截然不同。

"甚至在进行答辩的前一天，我都还觉得自己能拿到'竢实扬华奖章'是不可思议的。"

"我是这么一个普通到不能再普通的人，天生说话抓不住重点。就连在人多的时候，也会因为说话脸红、声音发抖而大脑空白，无从表达。同时也特别慌张焦虑，担心出丑，害怕给我们应用心理系丢脸。"

写好稿子以后，她找老师和同学修改，然后一遍一遍地背和练。把自己说的话录音、录视频，找到不足之处再修改。

说到学霸的养成，林代春表示"我从未将自己定义成学霸"。芸芸大众，我们都是这个时代的普通人，她做的可能仅仅是尽力而为。放低自己的姿态，认真对待每一件自己认为重要的事，就很好。

如若说，学霸们是艳丽华贵的珐琅瓷，那么代春一定是那柔和灵逸的粉彩瓷，是细润瓷质的打磨，是柔和色彩的渲染，少了份宫廷皇室奢华严谨的气派，多了份自成一派独具风采的灵动。她笑称自己与其他学霸最大的区别大概在于从未跻身于列。

她谦逊，她内敛，是寒冬里的蜡梅，不争春，含羞靥。殊不知，这却是最特别的存在。

地点：图书馆

《余生皆假期》是林代春喜欢的书。书里享受假期的观点，让她用更努力的决心激励自己前行。

“我既不是最聪明的，也不是最努力的，我只不过是在尽力，百分百认真地去完成好我认为重要的每一件事，仅此而已。”

考试周熬夜复习的身影，答辩前反复练习的面容，林代春一步一步踏出自己的繁花路。勤奋，是她制胜的诀窍。尽力，亦是她制胜的法宝。

“不聪明的人当然要更加努力。”平凡中的不平凡，是她的决心与毅力辅之交大师友的悉心陪伴与帮助成就了她。用她的话讲：“没有他们，就没有现在的我。”

爱心理学的酷。“可以探索最复杂、最深奥的东西，人心（或者说大脑）。”“心理学给我带来最大的变化，就是更好地认识自己，包括接受自己的不完美，悦纳自己；更好地理解他人，求同存异，以及从心理学的角度更好地认识世界。”

认清自己并且悦纳自己，并不是一件容易的事情，林代春也说，自己曾经有过对生活有满腔的热情却不知道安放在哪里的困惑，大一的时候一下子加入了7个社团。认清自己的能力与处境并接受这个不完美的自己，是走向成熟的第一步。

正因如此，不急不躁，所以成事。

面对生活中的那些焦头烂额，她说：“可能会有两种反应，战或逃，我选择的就是硬着头皮战。感觉煎熬的时候，就想想假期，把这些事情完成以后，就去享受假期。”

战或逃，她毫不犹豫地选择前者。

人物：沐春柔“代”春

一个热爱生活的理想主义者，她盼望能多体验、开拓生活的各种可能性。看书旅行养养蛙，也喜欢抱着吉他去听一场岸部真明的演唱会，专注于自己喜欢的心理学。将自己所爱的一一珍藏，做一个“白日梦想家”，将生活延展出无限的意义与可能性。

提起喜欢的书和作家时，她说：“喜欢的书和作家有很多，其中之最大概是王小波、三毛。爱王小波的小说，第一次看《黄金时代》的时候舍不得读完，他写得极干净、极真、极美，需要仔细去读，细心体会，才能明白其中的深沉宁静之处、孤孤单单、干干净净。后来也爱看他的随笔杂文，他是个太有意思的人，爱他的自由。爱看三毛的书，爱她对待生命的热爱与执着，也爱她的真诚而又不羁。”从她的热爱中，我们也能看到她的自我，看到她对生活的热爱。

关于那些无限美好的想象，关于平凡的生活，她将自己的生活设计得别有一番风味，在她自己的世界里，将自己所爱的一一珍藏。“一望可相见，一步如重城。所爱隔山海，山海皆可平。”不单是对待爱情，也不奢望山海皆可平，只是热爱，赋予了这首诗生命，也赋予了对生活的激情。所谓平凡，也不平凡。

莫泊桑说：“我觉得人的脆弱和坚强都超乎自己的想象，有时，我可能脆弱得一句话就泪流满面，有时，也发现，自己咬着牙走了很长的路。”

她的感情细腻温柔，炽热浓烈。她是寒冬里湖面上拂过的一缕春风。有如沐春意的温柔，更有静待春归的炽热。

事件：一场旅行青蛙式冒险

事件起因

心理学相关课程的学习让设计人生、开拓生活可能性的想法植根于林代春的内心。她觉得开拓生活最大的可能性是获取未知的冒险和乐趣。她希望自己能做喜欢的、有意义或是有挑战性的工作，不一定要环游世界，但一定要去冒险、去体验不一样的东西。“世界这么丰富，人生这么短暂，想尽量多地体验未知。”

事件经过

林代春带着“去体验”的初衷参加了很多志愿工作，在力所能及帮助别人的过程中也收获了被人需要的满足，她期待自己有机会花至少一年时间去支教，只有投入时间和精力用心去做一件事，才能真正感受到意义所在。

谈及旅途为伴的亲密关系，林代春认为是在冒险旅途里互相关心却互不羁绊的融合与独立。“不求同，就存异好了。”至于与人相处之道，她认为有相互关心、欣赏的人，舒服、平淡地陪伴最为重要。代春也在养旅行青蛙，“与蛙那样的相处模式真的算是非常健康的亲密关系。互相牵挂互相关心，却又不互相羁绊。彼此能融入对方的生活，各自却又是独立的”。她分享过她认同的对“连接”的看法：“是两个生命彼此映照的瞬间。它比亲人更疏远，比朋友更深刻，比恋情更稳定，连接的本质是爱。”

事件结果

回首大学时光，林代春认为自己最大的改变是不再空有一腔热情无处安放，以及不再随意自我否定。以前她也常因一点小事就陷入自我否定的深渊，不断寻求别人的认可。

越长大她越能清楚地感知：每个人都有自己的闪光之处，不完美的地方是无可避免的，正是这些不完美让每个个体更加真实可爱。冒险里最大的变化就是学会悦纳，愿渴求，不苛求，对自己和他人都是一种尊重与理解。

“有什么心得要送给学弟学妹们吗？”

“选一件自己最热爱的事，然后将满腔热血都倾注在上面就好。”

温婉之躯，谦谦之骨，念仗剑走天涯，也愿灶边烹佳肴，这就是林代春。谦逊内敛、细腻柔和、勇敢热血，造就了她一世美人骨。

记者｜郭杨　李雨畔

编辑｜崔昂　许文婷

陶汪洋：致春日里的白鸽

陶汪洋　2017—2018学年“竢实扬华奖章”获得者。2015级建筑与设计学院环境设计专业学生。大学期间，获国家奖学金3次、综合奖学金4次，并获得过共青团四川省委大学生“综合素质A级证书”、四川省优秀毕业生、西南交通大学2017年度“五星级志愿者”、国扶贫基金会“先锋志愿者”等荣誉。毕业后去往江南大学深造。

我们在找她，一直在找。

她藏匿在呢喃的风里、柔软的云里，翻飞在孩子们的梦境，她的羽翼拂过千万里山清水秀的土地。我们找了一整个春天，终于拼凑起散落在太多人心里的她，并完完整整地送到你面前。她是今天的主角，是暂落的白鸽，现在就安静地停在你的手心，挽着一整个春天的新绿看向你。如果你好奇，我们可以告诉你，统统都描述给你。

她叫陶汪洋。

白羽

“志愿服务不仅是大学期间的事情，更是一辈子的责任。”这是在采访中，陶汪洋最触动我们的一句话。那一刻我们从柔软里看见了坚实，看见了志愿工作3000个小时里她最本真、最打动人的善意与信念。

在建筑与设计学院青年志愿者协会的4年中，几乎每一个节假日，她都会与其他志愿者一同到省医院去陪伴患有白血病的孩子们。她与白血病小朋友的缘分在相握的手中越来越紧，帮助他人的同时，她也在攫取阳光与快乐。

一次感恩节，青年志愿者们来到医院，教小朋友们如何制作贺卡。活动结束时，一个少有父母陪伴的孩子希望能留下制作贺卡剩余的材料，因为他想做一张贺卡送给快过生日的爷爷。当被问及为何不送那张已经做好的贺卡时，男孩则羞赧回答：“我已经做好的那一张是想要送给你们的，谢谢哥哥姐姐的陪伴。”

他的话打动了在场的所有志愿者，陶汪洋也在这一刻明白了自己在小朋友心中的意义：她参与的不只是一次志愿活动，而且是白血病儿童的一段短暂而耀眼的时光。志愿者用自己的存在填补了孩子们的太多缺失与遗憾，比如父母，比如爱，而她也在用自己的生命，加厚另一个生命。

这是她的心之所向，是她心中最柔软的坚持。

所以即便是在自己忙碌的情况下，陶汪洋也没有停止志愿服务活动：建筑与设计学院青年志愿者协会为四川凉山、重庆忠县等多个贫困地区捐赠衣物5万余件；为白血病儿童筹集善款2万余元；绿色离校之“红砖墙”集市活动为大一新生筹得画板1000余块……

在担任青协主席期间，陶汪洋也承受了不小的压力，她需要处理的事务更加繁杂，管理的对象也从一个部门变成了整个协会。但不断的碰壁也给了她更多的经验。无数昼夜交替与灯火通明的努力，她最终获得2017“十佳青协”称号。

《迟暮花开》的作者利昂诺拉在朗诵会结束后对阿米莉娅说：“那本书已经失败了。有时候你只是想知道……亲眼看看你的作品对某个人有某种意义。”也许并不是所有的付出都能够为世界带来美好，但至少会在某个人的生命里留下浓墨重彩的一笔，让他知道这世上还有人在为他祝福。

这是她选择的颜色，无暇而单纯的愿景让她的羽毛在春日的柔光中熠熠生辉，那抹亮眼的白在小朋友的梦里，是妈妈围裙的颜色，是星星眨眼的颜色。

红喙

她与白血病儿童的往来缘分，是最令我们心动的故事。

提及那些与她情谊深厚的小朋友，她的神情里更多的是忧虑，她说或许上一次还在一起玩耍的孩子，下一次就不在了。“这些与同龄人看似无异的孩子们，在一段时间后可能再也无法见到，我觉得难过，更觉得无奈、无能为力。”

在疾病与死亡面前，陶汪洋无可奈何，她无法为孩子们免去灾祸与疼痛，但她选择用其他的方式“力挽狂澜”。与生俱来的善良让她渴望为白血病儿童争取更多关注，她希望用自己的努力，做一件轰轰烈烈的大事，为这些单薄脆弱的生命添些别样的风采与颜色。

她就这样握紧双手，提出了一个大胆的想法：她希望能组织一场专门为白血病儿童举办的音乐会。

“不是电视荧屏上为许多人做的音乐会，而是曾经陪伴你们的大哥哥大姐姐，专门为你们做的音乐会。”

音乐会的准备过程十分艰难，资金、设备、人员以及逐渐逼近的期末考试，这些困难挡在他们面前，但志愿者们都没有放弃——这是一个承诺，背后无数双稚嫩的眼睛遥遥望着，他们不愿辜负，更不能辜负。最终，联合13个机构平台，筹备时长超过1000个小时的“我为你歌唱”公益音乐节成功举行。

10余万次的网络点击量，3万余观众一同观看，这场音乐会正来自那些曾和小朋友们朝夕相伴的志愿者们，来自为了爱和相助奔走四方的勇气与坚持，更来自由心而生的、近乎本能的善意与责任。

她是个不折不扣的美人，不止美在面容与窈窕身姿，更美在内里与滚热心跳，她望向小朋友们的神情万般温柔，她的嘴唇像极了白鸽浅粉的喙，张开嘴，就歌咏出整个春天。

振翅

“我选这个专业之前也想过可能会比较辛苦，很多时候会压榨自己的睡眠时间，但真的没有想到会像这样整夜地熬。”出于对建筑设计的热爱，陶汪洋选择进入交大学习环境设计专业。但她没有预料到，设计专业的学业居然如此繁重，最累的一次甚至连续作图72个小时。

她保研的那段时间是压力最大的日子，陶汪洋需要将大学的所有作品整理成作品集并投递到各个开展夏令营的高校。为了优化自己本科期间的作业，她每天要坐2个小时的地铁到市里上课。因此，陶汪洋就只能凌晨1点睡觉，5点钟准时起床，一天的睡眠时间不到4个小时成了那段时间的常态。

“生在光下，向往自由。”陶汪洋知道什么是她想要的。她是一个理想主义者，社会责任感已经融入她的生命。她设计了耐火厂老年儿童活动中心改造项目，想要在这个高速发展的城市里，为留守儿童和空巢老人建造一个安静舒适的空间，并且想要在未来的人生中更深入、更专业地帮助他们。“人总要敢去想，既然问题不能避免，我们就直面它。”

“探索者往来不息，夜空中闪耀的星芒愈加灿烂。”

4年的学生干部经历，担任5个组织负责人。在校园大使团，曾为了面试得空便到图书馆背几百页的校史，接待外宾1600余次；作为校礼仪队成员，120周年校庆、中国高等教育博览会都有她的身影；担任朋辈导师，将自己的经验、知识都送给学弟学妹。

她认为自己虽然累，但也过得很充实；虽然会有压力，但挺一挺就过去了；虽然各种会议不胜其烦，但是社团带来的归属感与自豪感却不可估量。“没有人的生活会一直完美，但无论什么时候，都要看着前方，满怀希望就会所向披靡。”她不是迷途的旅行者，而是浩渺夜空中，追随彗星尾巴的白鸽。

飞往这似水人间

转眼毕业日就要到来，大学生活这份限定礼物马上就要过期，陶汪洋对自己在交大里度过的青春十分不舍。承载了自己心血的青协，曾给自己带来自豪感的大使团与礼仪队，朝夕相处的老师与同学……生活十分忙碌，却又充满幸福。

她不会打乱自己的生活节奏，坚持自己的热爱，大学时光一下子就过去了。不断沉淀，不断成长，不断奋进。她认为自己是一个平凡的人，但是想在渺小中铸就伟大。

谦逊如斯，在被问及获得“竢实扬华奖章”后的感受时，陶汪洋说：“有一点小压力，毕竟想给学弟学妹们做个好榜样。”

在她看来，每个人的大学生活都有不同的度过方式，而她所追求的是充实的生活，是不断提高自己的能力，是贡献自己的力量为社会带来美好。

她是春日里的白鸽，在漫漫冬夜中带来希望，穿梭在人间山川湖畔。

记者｜刘姿兰　李成杰　赵婧平

编辑｜赵婧平

沈睿：
等风来，不如追风去

沈睿　2017—2018学年“竢实扬华奖章”获得者。2015级电气工程学院电子信息工程专业学生。曾获第二届全国高校智能交通创新与创业大赛国家级一等奖、第十届全国大学生节能减排社会实践与科技竞赛国家级三等奖，全国大学生智能互联创新大赛华西赛区二等奖等奖项。大学期间共获奖学金7次，发明专利4项。毕业后在西南交通大学深造。

你爬得高走得远，
不是为了让世界看到，
而是为了看到世界。

喵星人的反差萌

“甲板门口有只大猫超可爱！肉超多！摸起来超舒服！

（沈睿提议在咖啡店采访的理由，要不要这么萌！）

咖啡店门口折射着昏暗的灯光，一个高高的大男孩蹲在门口，抚过小猫的脖颈，散发出宁静而温暖的气息，“每次来一服吃饭、打印资料，我肯定会上来撸会儿猫再走，你看它的肉真的超多”。难以想象，眼前这个温柔得滴出水来的男生，竟是那个带领全班创下免研奇迹的班长，那个忙于SRTP连续一周睡在实验室的“程序猿”，是那个带领电气青协走上正轨的传奇会长。

主观能动性

这里没有强制自习，全班却有6人进入专业前十；这里没有学风督察，却创造了一个班独占10个免研名额的佳话。

“我觉得能考进我们学校的同学都很厉害，而厉害的人往往又很有个性。”谈起大一大二时班里组织的自习活动，沈睿一脸苦恼，人们都是这样，越是有人逼着上自习，越不愿意去。“所以，发挥同学们的主观能动性真的非常重要。”在班导师的支持下，他把班里同学分成7个小组，让“大学霸”上自习时叫上“小虾米”，顺便还培养了大家的感情，在之后的学习中还能继续互相帮助。

最后的结局当然也是令人欣喜的！这几组的“大学霸”纷纷保研成功，而“小虾米”的共同进步，也使班级获得“先进班集体”“示范团支部”称号。

工图陪他过大年

跨年夜，空荡荡的园区自习室里只有沈睿一个人，一点热气都没有：“我当时还就跟这张图较上劲了，冷了就回寝室拿条被子裹上。”铅笔划过纸张的沙沙声记录了一张大图的诞生，随后而来的重感冒，却见证了他“任性”的代价。其实沈睿对学习有着自己的一套章法。尤其到了复习阶段，他会把自己的一天分成四部分——上午、下午、晚上前半晌（洗澡前）、晚上后半晌（洗澡后），把计划细分到每天的每一部分，一周再留出一天作为机动。

一沓沓课件用文件夹装好，收拾得干干净净的桌子上，中间是课本，前面摆课件，左手参考书，右手笔记本，一切准备停当，接下来才是他“把课本读厚，再读薄”的漫长过程。他对学习，有充满仪式感的庄重。

因为志愿，所以青春

“青协的运行绝不仅仅依靠年轻志愿者们的一腔热血，它有很多既定的工作和章程，有很多不得不遵循的制度，我们需要在其中寻求平衡。”作为青协的负责人，最困难的莫过于做好指导老师与小部员之间的桥梁，协调双方的需要，但这些困难都不足以阻拦沈睿一颗热爱志愿的心。

修台灯——这个充满电气特色的服务活动，他已经参加了四年。从大一学习修台灯到大四作为青协的元老被“返聘”回来培训部员，沈睿对这些活动倾尽心血。“帮同学们修台灯，我应该还能再干三年。”已经保研本校的他打趣道。

谁不曾黑过自己的专业

沈睿与电气的缘分可谓“一波三折”。沈父从事铁路电气化工作，又逢我国大力发展高铁，总是到处奔波，一出差就好几个月。忙碌的工作使他无暇陪伴家人，小沈睿的心里暗暗对这个职业增添了些许不满。直到那年全家乘高铁去广州，父亲看着沿途闪过的风景对儿子说：“你看那根电线杆，老爸当年爬过；那边的山洞我也进去考察过；还有那个……”看着父亲如数家珍，沈睿似乎明白了老爸的坚持。

后来的中铁招聘会上，沈睿假装研三毕业生把这个关于职业看法的问题抛给专家，专家的回应给了他更大的动力：“这个行业里的工程师就像大树，你可以选择将枝叶伸向更远的天边，也可以选择将根扎得更深更牢。而且多出去看看会给你带来更多的体验和收获。”

“其实，我并不觉得做SRTP有多辛苦，也不觉得申请专利有多难，很多时候它们的道理是融会贯通的，突破一个瓶颈，就能在各个项目里发挥作用。”

“我真切地希望自己有朝一日能传承和发扬百年交大的光辉与荣耀，为祖国的轨道交通电气化事业贡献力量！”在“竢实扬华奖章”答辩现场，沈睿曾说过这样一句话。这大概，就是他对电气的告白。

他的心里永远记得，爬得高、走得远，不是为了让世界看到，而是为了看到世界。

咖啡店门口那个撸猫的少年，已追风而去。

记者｜刘钰杰　徐林溪

编辑｜韩芳平

PART4
寻梦者

梦会开出花来的，梦会开出娇妍的花来的，
去求无价的珍宝吧。
在青色的大海里，在青色的大海的底里，深
藏着金色的贝一枚。
你去攀九年的冰山吧，你去航九年的旱海
吧，然后你逢到那金色的贝。
它有天上的云雨声，它有海上的风涛声，它
会使你的心沉醉。

——戴望舒《寻梦者》

何曦：
追梦赤子心

何曦 2016—2017学年“竢实扬华奖章”获得者。2014级交通运输与物流学院交通工程专业国防生。曾被授予“全国高校十佳升旗手”荣誉称号，参与校内外大型升旗仪式共计40余次。获得特等综合奖学金5次、国家奖学金3次，连队综合素质测评3年保持第一，荣誉奖励共计50余项，奖学金与助学金达9万余元。

正值新年，红色成为大街小巷的主色调，
青春的主色调当如新年一般闪耀——火红、炽烈。
红色点缀的青春，是坚毅，是拼搏。
身着军装，肩扛使命，重重历练，铮铮铁骨。
忆往昔，任风雨恣意，他心如故。
看今朝，撷累累硕果，前程路远。

年关已至，回家团圆是中国人心中最温暖、最圆满的诉说。交谈伊始，何曦便告诉笔者，今年家中的年味儿最浓，多年未曾聚齐的家人终于能够相伴守岁，共同迎来新的一年。

何曦提到家人，声线都变得温柔。国防生的身份让他日后与家人聚少离多，他珍惜与家人团聚的时光，同时也无悔自己的选择。“金玉人品，烈火中炼”，何曦所诠释的男儿本色便犹如烈火般炽红，历经涅槃，浇铸光荣青春。

国旗红：一身戎装，使命在心

于何曦而言，来到交大，成为一名国防生，这是一段完全没有想过的经历。不过，即使是在迷茫中才决定的未来，同样可以活出不一样的精彩。

然而，万事开头难，国防生的生活并非想象中的那般容易：陌生的环境、严肃的氛围、苛刻的训练等，如同重拳一般迎面而来，击得他疲惫不堪。何曦永远记得，当他和舍友迈进操场，望着流云划过天空，4个人不约而同涌起的迷茫愁绪，相视却又无言，只得摇摇头，留一抹苦笑于嘴边。

他曾想过放弃，可战友的咬牙坚持、父母的殷切期盼，让他最终坚持了下来。“人生没有什么困难是克服不了的，缺少的不过是良好的心态。”这是何曦军训后的成长总结。提起那段艰辛的时光，他轻笑，“现在想起来挺佩服自己的坚持”。

一名军人要有过人的胆识、绝对的忠诚，何曦凭着对这些品质的向往加入了国旗班这一优秀的国防生组织。在他眼中，升起的不仅是国旗，也是一份使命和担当。国旗班的训练任务紧密，一个简单的队列动作要重复千遍、万遍。正因为如此，他与战友们方被铸就为国旗的忠诚卫士。

迄今，何曦先后参加了40余次重大节日活动的升旗仪式，被国旗班授予“优秀个人”荣誉称号，并于2016年在全国政协礼堂被授予“全国高校十佳升旗手”的荣誉称号。于他而言，国旗冉冉升起之时，飘扬的不仅是红色，也是一颗炽热的爱国心。

信仰红：上下求索，步履不停

何曦大学的关键词是“坚持”。他说：“这两个字虽然简短，可没有多少人能真正做到。”5点多起床，6：30出早操，然后回到宿舍洗漱，紧接着去食堂吃早餐，7：30到达教室，这是何曦大一大二的日常作息。

与普通大学生不一样，作为一名国防生，何曦不仅有密集的训练任务，也不能懈怠正常的学习。然而，3千米的早操任务让他在课堂上倍感困意。课堂上的知识未掌握，课后便要付出更多的努力。

何曦慢慢开始学会“挤”时间，“有时候晚上12点多才训练完，回到宿舍又开始学习，我拿着笔一直在写，学习前一天的课程，看着已经熟睡的舍友，当时心里还是有点酸酸的”。何曦还养成了拿个小本子罗列一天要做之事的习惯，每次做完后就在事情后面打一个勾。

正是这滴水般的小事，推动着何曦蜕变。他充分合理地规划时间，争取在有限的时间内做更多的事。也许，成功之道，也贵在“精打细算”。

一分辛劳一分才，不断地坚持让何曦取得了应有的成就：3年来专业成绩始终名列前茅；获得特等综合奖学金5次、国家奖学金3次，斩获唐立新奖学金，连队综合素质测评3年保持第一，获得“三好学生标兵”“优秀国防生”等荣誉。

说到自己的科创之路，何曦认为：当今时代，保家卫国不再是靠武力和蛮力，强国强军依靠的是人才和科技，故而提高大学生的科研能力迫在眉睫。从大一开始，他便全身心投入数学建模，从校赛的三等奖，到五一赛的一等奖，最后到全国赛的四川省一等奖……丰硕的成果背后是无数个通宵的辛勤付出。为时一年的国创SRTP项目以及个性化实验，经过与队友的不懈努力，最终均以优秀结题。

“很多事情，就算没有以好的结果收尾，但只要我敢于尝试，我的能力便得到了提升，也收获了宝贵的经验，那就没有浪费我所付出的心血。”对何曦来说，这一路充满了欢笑、泪水、喜悦、失望……不过那颗勇于探索的心却从未改变。

热血红：重情重义，雅人深致

生活这条长路，弯弯绕绕，没有引领者的人只能兜兜转转。对于何曦，一位学长便是他大学生活的引路者。与其说是朋友，学长更像是他的兄长，无论是学习方法、训练要点，抑或是知人任事、生活琐碎，学长在各个方面都给何曦以引导。聊及学长，“感谢”这个词一直挂在他嘴边。

何曦曾被评为学校“十佳寝室长”。聊到寝室日常，他笑道：“我们寝室的夜谈是一大特色，大家敞开心扉，畅所欲言，可以从学习聊到训练，从童年聊到感情。大家都是一家人，没有什么不好意思的。”尽管寝室4人的性格各异，但大家的相处却格外融洽。“大家秉着求同存异的态度交流，很少有矛盾。”纵然光阴匆匆，他们早就亲如一家，如今4人面临分离，彼此只愿“度尽劫波走四方，归来仍是少年郎”。

何曦与女友一路走来，相互扶持鼓励，携手共进，是名副其实的“学霸情侣”。谈到女友，何曦的语气中掩盖不住幸福和害羞，“我们喜欢在一起做课程设计，一起参加马拉松比赛。两个人相处，很多时候真的要相互鼓励。有时候，遇上棘手的问题，我会比较急一些，会抱怨，但她是个比较冷静的人，会鼓励我。有时候我们对生活、对未来都会有迷茫，但是我们会彼此分享”。愿如火生活常在，得知心之人常伴。

《追梦赤子心》是何曦高中时期的班歌，每次一听到它的旋律，他总会感到热血沸腾，斗志昂扬。

歌词中写道：

“继续跑/带着赤子的骄傲/生命的闪耀不坚持到底怎能看到/与其苟延残喘不如纵情燃烧吧/有一天会再发芽。”

正如何曦所说，一道杠的青春，他已走过3/4有余，这是一段多彩的、无悔的、难忘的青春回忆。未来的日子，他将奔赴部队，在那里继续谱写他的青春华章。

赤诚之心，铿锵雄志，火红的青春岁月中，何曦昂首阔步，毅然前行。

新春已至，新篇起航，愿大家胸怀赤子之心，履脚踏实地，竢实扬华，扬我中华。

记者｜麦启欣　王貌　林铭泽

编辑｜刘劲楠　崔昂

史昊：平，不平凡的平

史昊　2016—2017学年“竢实扬华奖章”获得者。2014级信息科学与技术学院计算机科学与技术专业学生。31门专业必修课全部90分以上，7门专业必修课95分以上，最终以91分以上的免研成绩保研。曾获第七届中国大学生服务外包创新创业大赛国家级一等奖、第八届全国大学生服务外包创新创业大赛国家级二等奖，他参加比赛的获奖率为100%。毕业后去往天津大学深造。

这是一个忙碌的城市。行人加快脚步，匆匆而过，连雨水也变得急促，肆意拍打街边书店的窗，留下垂直的水迹。

窗内是跳动的火烛。

“平”，在千年流转中成为无数人所追求的状态。无论是个人的平静还是国家的和平，“平”字像风雨中的港湾，只要有了“平”，无论外物怎样变化，内心的坚守就会一直持续下去。

何谓“平”，古今各种典籍给了无数种答案，而在史昊身上，“平”字被赋予了新的解释。纵使时光匆匆，岁月悠悠，心中的热忱和一颗不甘于平凡的心，使他不断成长，熠熠生辉。

平心

小学五年级，史昊在编程培训班第一次接触到计算机，并没有太多相关知识储备的他亲眼见证了一串串黑色的字符变成屏幕上随音乐扭动的波浪，变成用来解决实际问题的计算工具。那一刻，他感受到信息时代的魅力，计算机所展示出的无限可能性吸引着这个孩子。这一次的接触，便是十几年后冥冥之中注定的缘分。史昊爱上了编程，爱上了指尖敲击键盘的“嗒嗒”声。

大一时，史昊面临着是否转专业的抉择：“之所以最后还是留在计算机专业，是因为当时正好是大数据被提出并蓬勃发展的阶段，这些新概念让我意识到这个专业在未来将会有更广阔的前景。”

31门专业必修课全部90分以上，是史昊给大学4年的一份答卷，“我自己没有太多的学习诀窍，扎实去学就行。”

能够取得这样的成绩绝非偶然，根据史昊自己的统计，前3年他进图书馆达到1000多次，算下来是基本上每天都会去。他将绝大部分的时间留在知识的宝库里，当余晖轻轻打到他身上，映射出的是坚毅的眼神和不断移动的笔尖。史昊在书本中找寻那把能够开启智能时代的“钥匙”，在那个时代，人工智能取得空前的发展，VR、AR等技术早已成为家中不可或缺的重要组成部分，人们的生活因为计算机技术变得无比便利。而智能时代的每一个角落，早已被描绘在史昊的梦中。

平和

史昊参加比赛的获奖率为100%，如果保研加分没有限制，他累计加分多于14分。不过提及自己在各类竞赛中所取得的好成绩时，史昊却是云淡风轻。一次次身披星光独自走回寝室，一次次牺牲休息时间在实验室埋头研究……于他而言，决定要做一件事情，便要争取做到最好，觉得快要撑不下去的时候，想想先前付出的努力，再咬牙坚持一下，成功便越来越近。

在史昊看来，参加科创比赛，学好基础的课内知识是关键，他的很多比赛成果都是用专业知识进行创新来解决问题的。史昊的团队提出“多指标综合知识点”概念，利用计算机学习、网络爬虫等技术研发“智能企业招聘试题定制系统”，成功获得“国家级一等奖”。这个一等奖是近两年来我校唯一一个在“中国大学生服务外包创新创业”比赛中获得的“全国一等奖”。

史昊不喜欢被最后期限所限制。于他而言，没有时间限制但有实质性进展的科研是最完美的状态，他可以用更多的时间去钻研课题、探索问题背后的本质。他像一个匠人，希望自己的科研项目可以经得起时间的检验，能够真正对社会的进步起作用。

面对学习和科研的压力，史昊有着自己的减压小诀窍。他喜欢各类电子游戏，但他补充道：“玩归玩，但你要清楚自己的主业是什么。”天性乐观的他总会把困难看得很小，面对别人不敢碰的难题，史昊总会第一个冲过去。“哪有什么难题，还挺简单的，只是需要多下点功夫。”

不喜欢被约束、不喜欢追逐功利、追求自由支配时间、追求内心平静，这些标签被牢牢刻在史昊身上。他的话语里伴着幽默风趣，谈吐中不失风度。都说“程序猿”不解风情，史昊用自身行动对这一评论给予了最有力的反击。

平远

作为一名中国共产党党员，他希望自己能够尽可能多地贡献自己的力量。进入交大之后，史昊一直工作在学生党建工作的第一线上，并时刻以党员的标准严格要求自己。他带领党支部的成员，和新生一起自习，帮助积极分子向党组织靠拢。此外，史昊还运用专业知识，将繁多的党员信息编入数据库以方便对信息进行管理。

史昊对科研的热爱并未停留于从论文中汲取知识与信息，毕竟“纸上得来终觉浅，绝知此事要躬行”。他曾与其他高校同学共同探讨“中文言语感知与表示理论前沿研究panel”，并参加973项目“互联网环境中文言语信息处理与深度计算的基础理论和方法”课题验收报告会议。在“互联网+”时代背景下，社会发展亟须大量能够解决交叉学科问题的人才，史昊正向着这个目标不断前行。

谈及人工智能的发展之势，史昊表示，现如今所有的东西都在朝着智能化的方向发展，而信息技术行业的发展需要更多的人去接触计算机，去找到更好的方法，能够让我们周边的一些基础设施变得越来越智能化，人们的生活越来越便捷。

何谓“平”，
是站在十字街口时，纵使周围人行色匆匆仍能知道方向；
是站在颁奖典礼上，纵使台下掌声阵阵仍能坚守内心；
是处于美好时代中，纵使周围春意浓浓仍能继续向前。

这是史昊身上的“平”。因为“平”，他在不断蜕变，在不断成长为更好的自己。光影轮转，岁月如梭，不停的，是他追逐梦想的脚步；不变的，是夕阳西下时图书馆前地面上他被拉长的身影。或许，这便是人生，属于史昊的人生。

记者｜麦启欣　王貌
编辑｜刘劲楠

陈淑娴：
建造自己的梦境花园

陈淑娴　2017—2018学年“竢实扬华奖章”获得者。2015级地球科学与环境工程学院环境工程专业学生。曾获得各类证书45张。从新秀杯二等奖到校赛二等奖再到美国大学生数学建模竞赛一等奖，不断进步。全英文论文被第25届国际城市形态论坛录用，参与世界城市数据库和访问门户工具计划，得到国家自然科学基金和法国研究署的支持。毕业后去往同济大学深造。

月光洒下来，渗入朦胧的雾霭，
某段呼吸的空白，
梦境之旅就要展开。

——《梦境之旅》

没有与生俱来的光环，没有一帆风顺的坦途，有的，只是一份质朴、一份从容、一些简单的憧憬和期许——越努力，越幸运。她是陈淑娴，人如其名：淑娴静雅，自是青春芳华。

初梦是画笔下透亮的双眼

几缕柔光倚着窗边的框子滑进来，恣意流动在陈淑娴的书桌上。她今天没有像往常一样拿起专业课本，而是从书桌一角抽出表面略有褪色的彩铅盒和有些卷翘的画纸。“每次一根一根画小动物的羽毛时心里都会很平静。”作品与作者的相通之处大概正在于此。陈淑娴笔下的小动物都有一双水汪汪的大眼睛，望着它们的眼眸好像就会被一股平和与宁静簇拥，会不自觉地停下匆忙赶路的脚步。

4年前报志愿的时候也是一样，没有太多繁杂的利弊权衡，陈淑娴选择环境工程仅仅是因为觉得这个专业的名字好听。大学生活正式开启后，陈淑娴也曾有过怀疑，甚至产生过转专业的想法。但比起纠结外部环境对自己的影响，她更愿意冷静而理性地从自身出发，在自己的身上寻找解决问题的突破口。清透的眼眸在散着黄晕的灯光下更显明亮，谈起当初对专业问题的迷惑，她毫不犹豫地说道：“不论什么方向，努力就一定可以做出成绩。”如同她笔下的小动物一般，陈淑娴的沉稳与平和总是让人十分舒适。

梦中，月光晕染下的画纸上，一只正吃着食物的小猴子看向纸外，眼里满是新奇与期待……

雾里看花，花亦是雾

总觉得自己是生活的旁观者，可以轻描淡写地从别人的失落与澎湃中感慨生活。但其实不论如何逞强，每一个假装旁观者的人都是生活在这条洋流里的一朵小浪花。每一次竭尽全力的激荡只会让洋流多几个小小的卷曲，但洋流的方向终究不会因此而改变。

大一竞选班委时，当陈淑娴怯怯地讲出因为自己学习好而想要竞选学习委员的竞选理由时，却未得到同学们的认可——“在座的哪一个学习不好？”

对未知领域的好奇与渴求让陈淑娴的竞赛之路延伸到不是自己主修学科的机械领域。跨专业的节能减排竞赛首先在专业知识方面就给陈淑娴下了一道绊子。知识储备不够、缺少比赛经验、无法经常得到相关专业的老师和学长们的指导，种种障碍都让这次比赛变成了一条看不到尽头的曲折小路。

屋外四面八方的烟火互相呼应着，这边红色的刚消散，那边黄色的又升空。窗户边上一年一露面的大红灯笼也被擦得干干净净，圆鼓鼓地守护在窗花旁边。房间外一阵阵食物的香气在这个时刻极具侵略性，它裹挟着、同化着每一个角落里的空气分子，并拉着它们从门缝里不断地涌入陈淑娴的房间。此刻的她，正埋头准备美国大学生数学建模大赛。

不知道什么时候，梦境中的苦楚与辛酸竟也会渗到现实中来。

孰真孰假，皆由自己评说

“选择没有对错，做出选择，让它成为对的！”这是“竢实扬华奖章”答辩时陈淑娴的答辩主题。

大一时落选学习委员的事情让陈淑娴在美好的遐想中碰了壁。但痛感并不仅仅是失败后的低落心情，这次经历更让陈淑娴铆足了劲，决心证明自己。天赋异禀的人也许只会让人惊羡几句，但懂得自省的人才会活得掷地有声。也许正因为初入大学时的这段难忘经历，才让我们有幸见到在“竢实扬华奖章”答辩中得票数最高的“陈淑娴”。

尽管节能减排竞赛困难重重，但陈淑娴和队友决心跨过这条看似不可逾越的鸿沟。她们从最基础的知识学起、从最简单的软件用起，慢慢地叩开新领域的大门。她们重整旗鼓，齐心协力，最终成功做出装置并申请专利。

绚烂的烟火，喷香的年夜饭再怎样诱人，也终究只在陈淑娴的心里激起一圈涟漪后便荡然无存。为了不被过年时周遭洋溢着的舒适和慵懒干扰，让自己集中精力准备建模大赛，陈淑娴一个人来到亲戚家的空房子里建模，每晚伴着静谧的夜色回家休息。正是这样的“狠劲”让她收获了美国大学生建模大赛一等奖。

最初只是不希望自己被禁锢在所学的领域，到后来感受到不同学科间思想火花的碰撞，陈淑娴坦言自己越来越享受科创竞赛的过程。即使过程中的苦楚与心酸每每回忆起来仍历历在目，她却依旧把每一次竞赛经历都视作弥足珍贵的体验。“这些科创成果和获奖证书都是对我当时比赛状态的肯定，但它们代表不了未来，之后的路还要继续走下去。”

所幸，梦中的苦楚再真切也敌不过现实的甜。

没有触不可及的梦，只有不敢追梦的心

希望自己博采众长，不断尝试走出自己的小圈子，造就了这个处处挥洒激情的全能女孩。

谈到做公益活动的初衷，陈淑娴只是轻描淡写地说了一句：“学有余力就想多做贡献。”她曾带领党员先锋队到彭州山区支教，和孩子们一起读书认字。“孩子们很乖，你付出的是爱心，收获的却是满满的幸福。”也许你曾在一教二教旁发现过一些挂在树上的动物树牌，那是陈淑娴带领开展的保护濒危物种的倡议活动；唐臣书院楼后的花园也因陈淑娴和队友的改造计划而重获生机。

陈淑娴的4年并不轻松，身处11个组织，担任过5个组织的负责人，要平衡好学习、社团工作和生活之间的关系并不容易。但她是一个有生活情趣的人，在她眼里，不论有多少事情需要处理，人总是可以忙里偷闲，以独特的视角和新奇的创意，让普通的景致焕发出全新的活力。

陈淑娴带领的团支部十分“硬核”，这个支部的成绩名列全系第一，每年都未缺席示范团支部，她想让每一个成员都能在这里找到自己的归属。陈淑娴还曾前往延安参加党支部书记培训，党员的身份于她而言更多的是一份责任与荣誉，是对自己更高、更严苛的要求，更是在团队中主动多做事的奉献。

一路走来，陈淑娴的身边从不缺少志同道合的人。“或许两个人都能力出众，但是如果目标不一致，合作起来也会有矛盾和隔阂。”和志同道合的人一起学习、一起为了共同的理想而努力，对陈淑娴来说是件幸事。谈及要感谢的人，陈淑娴提到了温柔体贴的室友、辛勤工作的辅导员老师、团支部里的每一位成员以及许许多多在前行道路上给予过自己帮助的人。“遇见了你们，才给了我这段最好的时光。”

结束大学4年的繁忙之后，陈淑娴规划着给自己一次毕业旅行，然后继续前行，把自己的梦境花园装点得更加美丽。

> 穿过拥挤人海，
> 就会抵达边境。
> 放下所谓的虚幻与无奈，
> 梦境花园真实的昼夜只等你来。
>
> ——《梦境之旅》

记者｜鲍娟　董文韬

编辑｜王貌　刘劲楠

顾新壮：
予我一词

顾新壮　2017—2018学年“竢实扬华奖章”获得者。2015级机械工程学院建筑环境与能源应用工程专业学生，专业成绩排名第一。曾获第八届全国大学生机械创新设计大赛全国一等奖、第三届中国大学生起重机创意大赛全国一等奖。共获得发明专利5项，实用新型专利5项。曾参与省级重点高校实验室项目。毕业后去往上海交通大学深造。

璀璨是星光的关键词，
回忆是枯叶的关键词，
一词谱一意，
一意循一人。

无限是专有动词

这是我们和顾新壮的第二次见面。我们因“感恩中国近现代科学家奖学金”结识，又因“竢实扬华奖章”相遇。都说“士别三日，当刮目相待”。由冬转夏，“无限”一词仍在不停拓展。

不困无限内，而逾边界外。

“一切还未定型，我们都有无限的可能。”两次的采访，不变的是此句。所在班级班长、西南交通大学资助宣传大使、2018级新生朋辈导师、机械工程学院助理辅导员、班级联合会组织部部长……繁多的任务从不会打乱他有条不紊的生活，多变的职责与身份恰是他成长道路上不可缺少的宝贵财富。

越长大越会发现，当把触角伸向舒适圈外的世界时想要做到平衡，可以先试着掌握人生的“加减法”，或许有的时候，选择比努力更重要。

正如顾新壮所说，他喜欢读书；喜欢尝试偶尔遇到新的东西；喜欢通过一次次的任务和比赛来培养新的爱好；喜欢挑战，喜欢跳脱自己的舒适圈去寻找新的目标与方向……

他不给自己设限，甚至在“无限”之外寻找。而当情绪陷入低谷时，他会“给自己放个假”：先放下手头的工作与任务，小憩一会，调理身心。“热情是自己给的，而不是他人强加给你的东西。”

要说有什么“情有独钟”，机械专业的学习算是他的例外。

敬业乐群，念兹在兹。他说，严谨是机械专业的必修课。每天穿梭于各异的粗细线型、不同间距标注的制图世界里，机械这个学科总能让我们理解“严谨”的意义。把脑海中缥缈的奇思妙想转变为具象的机械工件，并不是一件容易的事情，为了减少一些能够规避的失误，必须把数值保留到最精确位。

月光如洗，屋洒清辉。半干的墨水，枯燥的图纸，他却无比清醒地突破一次又一次可能。“我记得那段习以为常的日子。为了科研比赛，我们昼夜不息地进行加工和提出方案，白天照常学习上课，晚上继续完善前一晚的工作和进行新的尝试。”

专业的学习，是顾新壮生活与梦想交接的桥梁，是他不断突破极限想要奉献的领域。

合作是等同核心的名词

在采访顾新壮的整个过程中，他提到最多的关键词是“队友”。在他眼里，最不可或缺的是队友，内驱力源于队友，最敬佩的、被当作偶像的亦是整个团队……

“找到与自己志同道合的人很重要。”

顾新壮的眼中安放着团队里每一个人的闪光点，汇集起来，恰如一汪耀眼的星河。感谢，是他一直在做的。他告诉我们，如果介绍自己有多么优秀，那么从一开始就错了，因为每个人夺得奖章都离不开实验室或团队。

有的人计算机能力超群，有的人数学厉害得令人惊叹，有的人模型构造得特别精细，有的人在整个过程中都十分谨慎……负责方案写作的他，也紧跟团队的脚步，一点一点进步。

从初写时生涩的行文，到如今可以安坐四五个小时落笔不停，顾新壮更能在团队中感受自己的成长。他说，能与他们相识、相聚，一起磨炼，一同竞赛，相伴成长，是他的幸运。

“一个团队，四五个队友刚刚好，不会太多也不会太少。大学缺少的不是资源也不是检索资源的能力，而是整合和接纳，把这些资源变成自己的东西的能力。”

少年停滞不前时的助力，不是自己的幡然一悟，而是他人同你负重前行。

离别是无法形容的期许

“越临近毕业，越发觉自己不舍得。”顾新壮的交大情怀总是让他闪闪发光。

虽然在他眼中，自己一直是一个中规中矩的人，做着他认为所有大学生应该做的、很平凡的事情——学习、看书、组织、工作、竞赛……

身为机械学子的他，最自豪的是能够代表交大去参加一系列的机械创新比赛。用他的话说，就是“表现机械风采，展示交大风貌”。在他眼中，自己的荣誉似乎总是与学校的荣誉息息相关。

他也坦言，在获得“竢实扬华奖章”前，自己是一个没什么目标的人，不清楚自己到底想做什么、该干什么。但在获奖之后，他慢慢地沉下心来，愈发沉稳。他不再去和别人提起这个奖章，反而觉得自己应该再去学点什么、改变点什么，才能对得起这个奖章。

面对通往未来的无数岔路口，顾新壮坚定地选择了继续深造，他想成为一名科研人员。

他觉得科研最吸引人的地方就在于“厚积薄发”4个字：“我们日日夜夜重复着实验，只为最后结果的诞生，这是一种很奇妙的感觉。就像看着小孩子长大一样，我们无法预估他的面貌，但总能从其成长中获得源源不断的感动与成就感。”

顾新壮还有一个埋藏在心底的愿望。他说，他特别想在10年以后，在交大机械工程学院110周年庆的时候，以一个全新的身份——老师，回到学校，回到梦开始的地方。

他想留在交大当老师，他想把这段与交大的不解之缘一直持续下去。

“你在大学最难忘的事情是什么？”

“我说我最怕的吧，是毕业。”

毕业，便意味着我的大学生活要结束了，要离开生活了4年的校园。

我好像还有很多事没做，却什么也留不住。我不敢去想，因为这些记忆有些苦涩。

我们无法确定，
人生最好的样子是动词、名词还是形容词。
但被岁月斑驳的里程已铭刻下，
独一无二的关键词。

记者｜于籍尧　柯妍　陈一宁
编辑｜郭杨

刘明桓：用AI做足球梦的少年

刘明桓　2017—2018学年“竢实扬华奖章”获得者。2015级信息科学与技术学院计算机科学与技术专业学生。连续5学期成绩名列专业第一，连续4学期获特等综合奖学金并获2学年国家奖学金，74%以上的主干课90分以上，保研成绩名列专业第一。累计完成项目3项，参加学术报告30余次。毕业后去往上海交通大学深造。

绿茵场上，蓝白条纹球服、信院队17号。
快、狠、准！这是头号射手的又一记绝杀。
“我的梦想是带领中国队踢进世界杯！”
“可是，我的足球梦好像破碎了……”
“不！我的足球梦还可以继续……”

少年不会忘记，他因世界杯与足球结缘。彼时，蓝天白云之下，小小的身影在绿茵场上奋力地奔跑着。“我的梦想是带领国家队踢进世界杯。”这不仅仅是他年少轻狂时的梦想，2017年10月，站在“唐立新奖学金”答辩会舞台上的刘明桓依旧如此陈述着。

快：迅速转变　重新定位

刘明桓与计算机的相遇相识，着实算不上是一个“一见倾心”的故事。初入校园的他，也曾有过短暂的迷茫：计算机技术并非他心仪的专业，而“程序猿”“技术宅”等标签似乎也与他天生好动的性格相去甚远。紧接着，淘汰赛场均一球、队内头号射手、新生杯和院系杯足球比赛亚军、校队敞开大门……足球赛场上的胜利接踵而至，似乎只要一个点头，他的足球梦便会慢慢靠近。

没有想象中的欣喜若狂，相反地，他开始驻足沉思：继续踢球究竟是不是自己最想要做的事？自己真的能在足球场上大放光彩吗？如果不能，又如何用这4年时间把自己的简历填满，为大学生涯交出一份满意的答卷?

一番思想斗争后，刘明桓无奈地发现，自己曾经的热爱与执着或许只能作为娱乐去消遣。为了实现更远的追求，他不得不停止在绿茵场上的奔跑。

少年的足球梦，好像碎了。

迅速整理思绪，重新进行定位。最终，刘明桓抱着“好好学，争取转专业”的想法开始接触计算机专业。

或许世间的阴差阳错总是寻常，经过一年的深入了解后，刘明桓慢慢发现了这个专业的有趣之处。这条路，他走着走着，终归柳暗花明。大学生活于他而言，始于迷茫时的跌跌撞撞，却在千百个摸索的日日夜夜里逐渐清晰。心中的一团火终使他踏碎迷茫，走向迷雾散尽、天光乍破的新天地。

狠：千锤百炼　皆为磨砺

在其位，司其职。千百万次锤炼，是为淬火出世。世人只知捧起大力神杯时的光芒万丈，又有几人能知其蕴含的是每位队员的“狠绝”之心——日复一日地训练，从基本的体能到进阶的技巧，不断重复，只为更加熟练。

从西南交通大学信息科学与技术学院到上海交通大学APEX实验室，刘明桓一步一个脚印，稳扎稳打。哪怕通宵准备比赛，他也绝不逃课。平日里，图书馆、食堂、寝室“三点一线”的生活，单调却充实。长期的自律和坚持，带给他的是连续5学期专业排名第一、4四学期特等综合奖学金和2学年国家奖学金、74%以上的主干课90分以上、保研成绩排名专业第一的优异成绩。刘明桓交出的这份答卷，写下的是图书馆前偶尔洒下的阳光，是少年穿行于校园时耳边喧嚣的风声，也是交大凌晨两三点的闪闪星光。

3年多的大学生涯中，刘明桓完成项目3项，外出参加学术报告30余次，四处奔波的身影换来的是通往彼岸的一砖一瓦。“这些学术会议开阔了我的视野，所以这样的机会一定要抓住，它们其实是为我以后更深入的学习做铺垫。”

细细想来，刘明桓便是今天我们口中所说的“狠人”吧。这份狠，不存在任何戏谑的意味，而是敬佩。他习惯把自己的生活塞得满满当当的，并享受这份充实与忙碌带来的满足感。

准：精确规划　争分夺秒

足球赛中，“准”是基本功，是技巧，亦是制胜法宝。于夹击之中规划运球路线，于临门之时控制出脚力度，选择，皆在分秒之间。

大二那年，刘明桓就已清晰地看到了自己前进的方向。“大学无非也就四条路：一是工作，二是保研，三是考研，四是出国。无论哪一种选择，都需要一份漂亮的简历，所以这3年的学习生涯于我而言，其实就是怎样去把我的‘简历’填满。”人们常说机遇只偏爱有准备的人，刘明桓走过的历程，恰是这句话最好的印证。为了做好一个项目，他会提前一年联系老师，给自己留下充裕的时间去准备、去沉淀，如同一颗种子，在黑暗的泥土中积蓄营养和能量，一旦听到春风呼唤，便会破土而出。时光在他手中被揉得细碎，于是每一分每一秒都被赋予了意义。他用理智规划未来，因而更能清醒地看待当下，踏下量算好的每一步。

早在还未进入大学校园时，刘明桓就已萌生出参加竞赛和科研活动的念头，而他恰好又是一个执行力非常强的人。3年来，拼搏的精神和求知的意识也让他收获颇丰：西南交通大学“新秀杯”数学建模竞赛一等奖、五一数学建模竞赛一等奖、MathorCup全国大学生数学建模挑战赛一等奖、2017年高教社杯全国大学生数学建模竞赛一等奖、西南交通大学萌芽计划二等奖、西南交大ACM竞赛三等奖、北美大学生数学建模大赛M奖、2018Deecamp人工智能训练营优秀Demo奖……他就这么一步一步地走着，风雨兼程，终见阳光。

“计算机这个行业更新、发展得很快，随时都有新东西，随时都要学新东西。正因为如此，才需要从业人员不断地进行反思和交流。”这是刘明桓对专业现状的认识。计算机行业的发展以分秒为丈量单位，而刘明桓则善于在分秒之间创造价值。可见他与计算机的相遇，不算“误打正着”，而应该是“命中注定”。

一记绝杀：当梦想照进现实

夜幕降临，月色迷蒙，少年又来到了他热爱的足球场上，他走着，思索着。雾霭消散后倾泻而下的月光拉长了少年的身影，也记录了他前行的轨迹。刹那间，少年抬头，便看见了一颗闪耀的星星。

“人工智能这个行业其实是站在时代的风口浪尖上的，但它在未来有着无限的可能性。”在刘明桓看来，能让机器代替人去完成一些事情是非常有趣且有现实意义的。深入地了解人工智能的运作方式会带给刘明桓无与伦比的满足感，他能看到人工智能广阔的发展前景，也能清晰地认识到自己的不足。我们常说学海无涯，可我们也会说功夫不负有心人，少年在行中求知，知而后行，虽天高海阔，也自有一方天地。

进入计算机专业时适逢巴西世界杯结束一年，德国队背后的大数据团队令刘明桓印象深刻，灵感便在此刻破空而来。他曾以为遥不可及的足球梦，似乎可以换一种方式延续下去。大二那年，AlphaGo横空出世进而火遍全世界，将人工智能从幕后推向台前，也在刘明桓的心底种下一颗种子。理想的种子播种在现实的土地上，纵风吹雨打，种子总会推开石块、破开泥土，它会发芽、会成长。3年的摸索尝试让刘明桓的AI梦日渐清晰，他将多智能体的强化学习作为研究方向，这也是他将足球比赛抽象后的选择：战术模拟、数据分析，他能做的还有很多很多。回首过往，少年才惊觉，原来3年前的自己并不是站在了人生的分岔路口，他也从未彻底抛下过什么。3年来，他的热爱非但没有随着成长而消逝，反而在岁月间愈发熠熠生辉。

少年的足球梦，回来了。
文章写完了吗？写完了。
赛程比完了吗？还没有。

刘明桓，这位用AI做足球梦的少年，他的梦想从不局限于四四方方的屏幕，他想要将绿茵场上的双脚的梦想寄托于双手飞舞的代码，他会用勤奋与坚持开拓新领域的边疆，他的心灵永远在绿茵场上守望。

记者｜史凝睿　孙睿琰
编辑｜麦启欣

王倩妮：跳好这支纯粹之舞

王倩妮　2017—2018学年“竢实扬华奖章”获得者。2015级交通运输与物流学院交通工程专业学生。连续3年专业成绩第一，并以综合成绩94.80分获得免试研究生的资格。曾获第十三届五一数学建模竞赛三等奖、第十四届五一数学建模竞赛二等奖、2018年第八届MathorCup高校数学建模竞赛四川省二等奖等奖项。毕业后在西南交通大学深造。

音乐如水如风起，
脚步流转　独自翩跹，
尽情舞动的人生，
比想象中还要美妙。

黄昏时分，练舞室内，女孩仍在不停地跳舞。微弱的阳光透过树荫，将她的舞姿记录下来，女孩随影而舞、随心而动。这个女孩，名唤王倩妮。学舞18年，她没有太多的舞台表现欲，只愿做一名朴实无华的舞者，专注于表演的过程，在每个动作中倾尽心血，认真、严谨地跳好这支关于梦想的纯粹之舞。

基本功：万丈高楼平地起

长年累月的汗水，枯燥无味的重复，一刹那轻如羽。所有看似柔弱的美感，背后都是力量。

王倩妮，一位来自2015级交通运输与物流学院交通工程专业的女生。她连续3年成绩排名交通工程专业第一，曾获国家奖学金3次、特等综合奖学金2次、一等综合奖学金2次，并斩获2017年唐立新奖学金。然舞者也，台上三分，台下十年。王倩妮所获得的这些肯定，不过是她坚持付出的等额回报。

抓住课堂的每一分钟，认真对待每一次作业，在自己的能力范围内做到极致，努力争取并把握每一次锻炼的机会，这是王倩妮一直在践行的准则。也许，正是这份对待“极致”的渴求驱使王倩妮发现并抓住每一个能提升自己能力的机会。她坦言，学习优异的秘诀其实是擅长向周围人学习。不论是下课“缠”着授课老师讨教问题，还是善于发现周围人的闪光点并向其学习，这位来自孔孟之乡的女孩，一直在努力地践行着

“三人行，必有我师焉”这句话。一件件再平常不过的小事，经过数千日如一日的坚持，最终都会迸发出耀眼的光芒。“我不是一个足够聪明的人，但我一定足够认真”，这是王倩妮对自我的定位。认真将每门课学好、每个知识点领悟到位，是为夯实地基；敢于质疑和提问、善于向优秀的人看齐，是为填充钢筋水泥；勤于多维思考、习惯于自我反思与调整，是为下一步计划做准备。长年累月皆如此，于是乎，高楼拔地而起。如舞者习舞一般，扎实的基本功永远是其翩然起舞的第一要素。

柔韧度：迎风而上，舞动自如

虽然能熟练地掌握每一个动作，也明白每一个动作的方向和目的，但王倩妮也曾有过刹那间的犹豫和迷茫，也曾经历过坎坷和困难。作为一名舞者，她以柔韧之姿拥抱未知、化解困难，她从不曾失去前进的方向。

早在高中的时候，王倩妮便已经对大学生活有所了解。与绝大多数初入大学校园的懵懂学子不同，她在大一时就对未来有清晰的规划。“初入交大并不是很迷茫，当时我就给自己定下目标，我要好好学习，争取保研。所以在之后的生活中，无论我参加多少组织或社团，从来都没有落下过我的学业。”回首往事，王倩妮的眼神中仍然保持着3年前的那份坚定与纯粹。团支书、班长、党支部书记、“晨星之光”朋辈导师、助理朋辈导师、交运学院团建工作委员会办公室主任……3年来，王倩妮早已数不清自己做过多少工作或是负责过多少个活动，她只是认真投入每一件事中，甘于奉献，并乐在其中。

面对复杂的课程设计，王倩妮也曾有过没有思路、无从下手的恐慌，也曾有过连续奋战48小时的疲惫，但再次提及时，所有的困难都化为王倩妮口中轻松的一句“已经克服了的困难，便不再觉得它有多困难了”。大学3年，1000多天的学习生涯中，王倩妮在兴趣的引导下不断地探索未知，不断地挑战自我：第八届MathorCup高校建模挑战赛特等奖、2017年高教社杯全国大学生数学建模竞赛四川省二等奖、西南交通大学第十届交通科技大赛二等奖、2017年“数创杯”全国大学生数学建模挑战赛研究生组三等奖、“日日顺物流创客训练营”创客解决方案、省级科研训练项目、校级SRTP项目……在探索未知、勇于尝试这条路上，她从未停下前行的步伐。王倩妮从不拘泥于现有的舞蹈形式，相反地，她不断地推敲、感知节奏和动作的力度，她是极富柔韧性的舞者。寂静的山谷之中，女孩坚定地站在风将吹来的地方，只因她深知，只有迎风而上，才能借风之力、舞动自如。

表现力：他山之石，可以攻玉

从模仿到解放，舞蹈成为发肤、骨髓，成为流淌的血液，也成为独属于王倩妮的人生之舞。纵观王倩妮的学舞之路，她从模仿与重复老师的动作开始，等到有一定时间和经验的积累，再在表演中加入自己的即兴发挥，然后才编出适合自己的舞蹈。而王倩妮的科创之路，也如她的学舞之路一般，由“模仿”到“解放”。

“最初参加这些活动时，我就是抱着模仿的心态。我相信大多数人一开始都是处于零基础的状态，而‘模仿’就是一个不断学习的过程，如果我们不知道该如何下手，可以借鉴前人的经验，看看他们是怎样将路走通的。”这便是王倩妮对“模仿”一词的理解和运用。

古语云：“他山之石，可以攻玉。”模仿与解放，从来不是对立关系，而是递进关系，有了模仿的积淀，才拥有解放的可能。王倩妮因热爱而努力学习、因激情而投身科创，也正因抱有热爱、存有激情，她甘愿从模仿做起，在模仿的过程中拾取点滴收获。

除了善于借鉴他人的经验，王倩妮还有着极强的学习能力。就“线性代数”这门课程来说，她会在学习时翻阅不同版本的教材，通过对比各个版本对同一定理的不同表述，提炼出最易于自身理解和接受的表述方式。于王倩妮而言，留意生活中一切可以获取学习资源的途径并非只为考取一个好成绩，她只是在单纯地享受这个汲取和收获的过程。

从“模仿”走向“解放”，再从“解放”走向“自如”，王倩妮收获了属于自己的表现力，也正是这股与众不同的表现力，促使她成长为一名独特的舞者。

感知力：以平和之心静待风起

若想要静下来感知生活中的美好，便要做到心平气和、不急不躁，王倩妮便是这样一个平和之人。不同于街舞的激情活力、拉丁舞的热情奔放，王倩妮通过柔软和坚韧兼具的中国舞来展现她眼中的世界，而舞如人生，需要积淀，需要情感，需要态度。

王倩妮戏称自己是个“无聊”的人，因为她既不喜欢看电影、电视剧和综艺，也不喜欢玩游戏，相反地，她痴迷于那些看似枯燥乏味的纪录片。比起参与大众娱乐和旁人一同狂欢，她更愿意与内心的自己进行对话。也许，一位专注且平和的舞者便是如此。

“舞蹈教会我坚持，让我一直保持积极的状态。”王倩妮与舞蹈结缘至今，已有18年光阴。在舞蹈中，她可以体会到强烈的信念感带来的奇迹，枯燥的训练，一点一滴的积累，成就舞台上流畅自如的舞姿。“舞蹈扩展了我的认知范围，让我能够去感知美，表现美。”在王倩妮看来，当她站在舞台上时，不管是主要位置还是群演，既然已经站到了那个位置上，她便要尽全力做到最好，尽管她自己并不是一个能够迅速调动情感、立马融入角色的人。对王倩妮而言，独自起舞的时光更令她倍感珍惜，那是一个内在的自我与外在的身体互相沟通、互相圆满的过程，也让她能够在纯粹中发现生活的美好。

舞者在经过大量训练后，几乎所有的动作都能够在身体上形成条件反射，变成自然而然的、纯粹的肢体语言，故而当她们站上舞台时，只需享受这个过程就好。阿尔卑斯山山谷中的标志牌上有一句话——“慢慢走，欣赏啊。”当人们放慢脚步的同时，心境会愈加平和，感知外界的能力也会愈加强大。其实，“跳好一支舞”和“走好人生路”在本质上是共通的。在王倩妮看来，人们在做一件事情的时候，越是急于求成，往往越做不好。若是专注于过程、重在享受挑战自我的这个过程，许多意外的美好也许会“不请自来”。正如电影《等风来》中所说，不管我们有多着急，或者有多害怕，都不能贸然往前冲，冲出去也没有用，我们终归是飞不起来的。现在的我们只需要静静地等风来。王倩妮便是如此，她不急躁、不焦虑，只是不断地充实自己，她在等，等风起云涌之时，等美好悄然而至。

两次见证“竢实扬华奖章”的诞生，于王倩妮而言，是迷茫时的指点，是失落时的激励，如今她终于如愿以偿，站在她曾经最向往的舞台之上。“‘竢实扬华’这4个字一直指引着我，我愿意将它理解为一种朴素的追求，一步一步地踏实前行，静待收获，然后奉献自我。”提及自身的信仰，王倩妮神色依旧淡然。寒来暑往，历经无数次的打磨，而王倩妮的步伐，却愈加坚定，她平和的外表之下，是从未动摇的决心和信仰。

暮暮朝朝又一载，匆匆忙忙皆行者。风景不在想去的目的地，风景在路上。

她站在舞台上，镁光灯打在身上，当音乐响起时，微笑着舒展身体；没有排演，不必思考；她没有感受到镁光灯，也没有听到鼓掌和尖叫，她知道自己完成的不是一次表演，而是一场与自我的对话。

这支舞，纯粹、真实、令人热泪盈眶。

她的舞蹈不息，她的步履不停。

记者｜史凝睿　孙睿琰

编辑｜麦启欣　刘劲楠

吴琪：瑶花琪树怎相成

吴琪 2017—2018学年“竢实扬华奖章”获得者。2015级经济管理学院会计学专业学生，经济管理学院大类招生以来，第一个获得管理大类均分第一、保研课程均分专业第一的学生。经济管理学院唯一一个在大二就将国家奖学金、唐立新奖学金双双收入囊中的学生。累计获得国家级荣誉3项、省级荣誉4项、校级荣誉12项。毕业后去往西南财经大学深造。

琪，美玉也；

琪树，赖玉沉稳而成，润玉温热而扬。

吴琪就是这样一棵树。

她喜欢自己“佛系”的标签

“佛系”这个词，是吴琪被问及获得“竢实扬华奖章”感受时的第一反应。

“我其实很喜欢宁静致远这个词。水善利万物而不争，不汲汲于某一件事，慢慢来，有些东西其实并不是越快越好。”

吴琪的佛系，并不是她成功路上的限速牌。

她是经济管理学院大类招生以来，第一个获得管理大类均分第一、保研课程均分专业第一的学生；她是经济管理学院唯一一个在大二就将国家奖学金、唐立新奖学金双双收入囊中的学生；她是累计获得国家级荣誉3项、省级荣誉4项、校级荣誉12项的学生；她是3年累计获得奖学金8万元的奖学金“收割机”。

她，是一个有度佛系的人。吴琪的“佛系”，始于专注，是对磨砺过程中收获的渴望和对磨砺结果的坦然适从。

《深夜食堂》中曾说：“最期待的事往往不在期待中发生。”人的注意力都是有限的，新的目标线总由旧的成就点铺就。

成绩的优异已无法满足吴琪新的追求，在意识到自己科创经历不足时，通宵熬夜、东奔西走开始成为她的日常。比赛前接连3天通宵、答辩前教学楼洗手间冷水洗头的冰凉入骨，是她从未解锁过的新领域。

于她而言，失败并不是对自己过往努力的否定，反而成为她总结新一轮问题的开始。

“失败并不可怕，可怕的是你不能从这次失败中学到任何事情。我从不因麻烦而放弃，也从不因困难而停止。我怕的只是，碌碌无为。”

这份有度的专注，也使她极具自控力。“这么多年过去，始终不变的是自我控制力。什么时候做什么事，并且在完成了一件事之后能立即抽身做另一件事，是我多年来未曾改变的。”

2018年“创青春”大赛四川省金奖和作为我校唯一的本科生团队成员参加由教育部举办的首届“百校百题”应用创新课题大赛并获得国家级荣誉是她对自己“佛系”科创路的最好肯定。

3年学生会、5次演讲、7场主持、数10次学生活动和招聘大会、青海调研的艰苦跋涉……

不为结果成就而闯，只为路途上拼命泼洒的热爱和执着。

这是属于她的“佛系”——扎根土壤，知志所在，沉默蓄力。

会计是梦想

并不是所有优秀的人都是天赋异禀。吴琪在大一刚入学时，和大多人一样，对未来4年有太多的未知，充满了迷茫。

她一直铭记于心的是前辈的话：“当你不知道该干什么的时候，你就学习。”

大一学年结束，她惊讶于自己总分全系第一的成绩，也因此更具目标和动力去追寻真正热爱的事情。会计路便忽地摊平在吴琪选择的岔路口。

会计专业的平淡，像是一杯喝不完的白开水。密密麻麻的流水账单、永无止境的会计考证、20门专业课、16本笔记本、数百张财务报表……让人似乎闭了眼也能看到一片散发绿光的数字在眼球中滚动。

这使吴琪第一次意识到：学好会计还要拥有自我消解枯燥工作所带来的消极心理的能力，以及激励自己坚持下去所需要的生生不息的原动力。

热爱便是她调和的增味剂。“会计本来就是一项重复而烦琐的工作，但这是我以后要从事的职业，既然因热爱而选择，就一定要坚持；既然坚持了，就一定要做好。”

携着热爱的冲劲和责任使然的拼劲，吴琪深深扎进会计学习的海洋里，将一切烦琐消极化解为充实与责任。

实习过程中，每当整理出的各种小山似的财务报表、账单整整齐齐地摞在眼前时，这种放松与喜悦将烦琐与枯燥统统抛向一边。

吴琪的热爱不仅仅局限于眼前。“随着四大会计师事务所陆续推出财务机器人，今后会计就业的压力是非常大的，整个行业都会面临一个比较严峻的形势。而且如今的会计行业就像一个金字塔，普通会计的人数是庞大的，而高级的、精英的会计却很少。成为一名会计精英本就是我一直以来的梦想，我既然选择了这条路，就一定要把会计做好、做通透，不惧人工智能的发展浪潮，去实现我自己的会计梦。”

吴琪希望以“我的会计梦”塑造“会计行业梦”，以“会计行业梦”助推闪闪发光的“中国梦”。

这是她琢磨而成的枝干——胸中有梦，意气风发，扬其光热。

永不消减的少女感

薄雾星辉里，拥风就开心。学业上的有度佛系与无度热爱造就了吴琪沉稳且强大的内心，但不管在外人眼里她是多么优秀，吴琪的心里却仍住着一个没长大的小女孩。

谈及偶像时，她会不假思索地回答：“我的偶像就是我爸爸。”问及原因时，她只言“因为爸爸顾家”。吴琪享受家庭带来的依赖和友谊携来的温情。

她喜欢和朋友待在一起，窝在暖暖的被窝里追爱看的剧；她亦会在采访过程中特地感谢帮她改稿的每一个人，欣喜与他们的相伴，是当之无愧的“暖场王”。

吴琪笑道：“一个人的幸福总是有限的，而我会因自己成为家人和朋友的骄傲而感到加倍幸福。”

她相信缘分，从第一次主持“竢实扬华奖章”答辩开始，对“竢实扬华奖章”悄然萌发出的点点渴望便与她的生活交织在一起。

她笑着说：“不知道为什么，我打心眼儿里觉得自己会得到‘竢实扬华奖章’。”

嘴畔甜到心尖的小小梨涡，只让人觉得——心灵澄澈，满身阳光，仿佛口袋装满糖果便顿觉拥有一切的小女孩。

她坦言还未成为一个完美的自己，殊不知强大与长不大的矛盾体使其以沉稳作壤，以灼灼为枝，伴青葱展叶，终成“瑶花琪树”。

灼灼瑶花，
郁郁琪树，
寒冷冬日，
只因热爱伴沉稳相生。

记者｜于籍尧　柯妍　陈一宁
编辑｜郭杨　刘劲楠

郑画天：世界，你好

郑画天 2017—2018学年“竢实扬华奖章”获得者。2015级外国语学院英语专业学生。曾获国家奖学金、唐立新奖学金，并获综合奖学金共6次。曾获第七届全国口译大赛（英语）西部赛区三等奖，第七届“通译杯”四川省翻译大赛三等奖等奖项。主持四川省大学生创新创业训练项目“从美国各大主流媒体涉华言论看待特朗普对华政策走向”（结题等级为优秀）。毕业后去往中国人民大学深造。

我们的确很渺小。

无论是地球之于宇宙，还是你我之于人群。我们注定无法囊括所有可能与机遇，甚至这肉身自降生到死去对比银河浩渺也只算须臾一瞬。

但你也不要低估渺小的精彩。

她永远勇敢，永远新鲜，永远前进不止息，永远不停止思考与自省。她承认自己渺小，但她愿意用一切尝试去拥抱这世界。她相信，再广袤的大地也会在不停歇的步伐中悉数融入眼帘，再炽热的太阳也终会将和煦日光轻洒在勇者肩头。

她向未来挥手问好，无畏而兴奋。

于是世界也向她发出遥远而善意的回音：你好，郑画天。

你的勇气

“所有的苦难和背负尽头，都是行云流水般的此世光阴。”

高考前，郑画天经历了艺考失利，以两分之差与北大失之交臂。提及十余年努力一朝付之东流，她五味杂陈，遗憾溢于言表。当时的她面对一百天后的高考，不甘心，不服输，她相信努力的奇迹。

“我要尽全力试试。”

熬过一百多个握紧双手的日日夜夜，她最终以西南交通大学外国语学院重庆市高考文科生录取最高分的身份来到这里。

这正是在她身上我们看到的最为耀眼的光：面对困难不退缩，不怨怼，一句尽全力已经诠释了很多人缺失的无畏与坚持。

所以她坐在我们面前，作为“竢实扬华奖章”得主向我们细数她的诸多转换：从绘画声乐特长生，到交大英语专业学生，再到之后的新闻学研究生，我们能清楚地感受到这一个个决定中会有多少挑战与坎坷，但她一直都在尽全力面对所有困难，翻越山丘。

为目标倾尽心血不退缩是她交大生活的体现。抓紧各种碎片时间，坚信“为了自己想要的更好生活，一定要付出努力，付出千千万万的努力”。

在英语专业学习上，她长期保持综合排名第一，48门必修课学分满绩，语言学概论拿到专业最高分99分。她获得过演讲、写作、翻译、阅读等共17个奖项，并在全国口译大赛中脱颖而出，成为交大仅有的3名晋级本科生之一。这就是她努力的样子。

“每个人都是不可复制的，我也有只属于我的经历与人生。我没想过要成为谁，也没有想过我这样努力后会不会达到别人口中所谓的优秀。我只想努力，尽力，能成为更好的自己就可以了。”

坚持奋斗，独立思考，敢于面对不可能，勇于追求最高峰，这是她的勇敢。

你的专注

郑画天从来没有放弃成为一名新闻人的梦想。她主持的省级项目“从美国主流媒体涉华言论看待特朗普对华政策走向”是2017年省创项目中唯一获得优秀的文科课题。

2016年里约奥运会期间，当全球都沉浸在紧张热烈的比赛气氛中时，正在英国交流访问的她却洞察到繁华热闹背后的一面。《藏于里约贫民窟的恐惧》一文发表出来，描绘了别样的巴西。

“我当时觉得报道不一定局限于一场赛事或是一个运动盛会，我希望能让读者因为一场赛事，看见一个城市，看见一个国家，看见一种文化。”

她愿意用最细腻深邃的情怀去拥抱社会中最沉重的问题。在加拿大英属哥伦比亚大学学习国际传播课程期间，她深入危险的温哥华贫民窟，记录流浪汉聚集地那些不为人知的景象。

“当然怕，怎么会不害怕呢”，郑画天坦言道。身处温哥华的贫民窟，抬头可以感受加拿大日光的和煦温柔，低头却只能看到那些瘫坐在地上的人眼眸里的迷茫与绝望。而她的任务就是进入这些常人触碰不到的地方，直面危险搜集一手素材。

"一个人看到的世界太小了，要多深入调查才能增进对这个世界的了解。"她愿意成为新闻工作者，将更多的故事讲给更多的人。

很多人觉得文科专业做了很多无用功，没有理工科做出的贡献大。而在她眼里，每一个学科都有存在的重要意义。"有的学科是开创未来，有的学科在保护过去。"

永远温暖，深入探索，她眼里有气象万千，胸中有开阔天地，这是她的广远。

你的认真

郑画天并不善于侃侃而谈，也一直在改变自己的害羞性格，而这成就了她五彩斑斓的丰富内心与独特的人格魅力，如果真的要在这许多亮色中找到最贴近她的形容词，大概就是勤勉。

她的导师对她的评价是：十分认真严谨。她也承认自己在很多时候会有"强迫症"，会为了写好一篇论文而翻找大量文献，遇见不了解的地方便会反复研读。

"其实我也没有想过必须要获得什么样的回报，只是觉得既然一个概念不懂就应该认真对待，否则无异于浪费时间。"

天道酬勤，郑画天最终高分跨专业保送到中国人民大学新闻学专业。国际新闻传播是她未来的发展方向。谈及未来，她希望自己能够继续深造，成为一个有社会担当和职业操守的新闻工作者，将一批批交大人的光辉事迹、一个个中国梦的奇迹讲述给世界。

对于获得"竢实扬华奖章"这份荣誉，她认为，"竢实扬华奖章"虽是交大学生个人最高荣誉，但这也只是她的一个阶段性成果，之后还有很长的路，止步于眼前的荣誉是一件绝对错误的事情。

她建议低年级的同学们能够充分利用自己的时间。"很多学弟学妹们基础比我要好很多，只要他们肯做肯学，一定会有更好的未来。"她认为，任何时候开始努力都不晚，只要坚持就一定会有收获。

严谨认真，一丝不苟，这是她奔跑的姿态，这是她不浮躁的心性，这是她的勤勉。

她真的不渺小，她走过千里万里，见过各种面孔；她的眼睛包容山川湖海，笔下有百态众生。或许奔跑得很曲折，或许还有过眼泪与沉默，但她知道自己的方向，更知道如何坚毅追求。

她向世界挥手，踮起脚尖挺直腰杆：

“世界，你好！”

记者｜刘姿兰　李成杰

编辑｜赵婧平

朱容岐：为“力”灯明三千

朱容岐 2017—2018学年“竢实扬华奖章”获得者。2015级力学与工程学院工程力学专业学生。曾获2017年全国大学生数学建模竞赛四川省一等奖及第九届全国大学生数学竞赛四川省三等奖、中国力学学会2018年全国徐芝纶力学优秀学生奖等多项荣誉。主持重点实验室对本科生开放项目“车轴钢（42CrMo）在冲击加载下的动态力学性能研究”。毕业后去往北京大学深造。

晚风惊扰了犀湖的无数粒子，机械振动化为柔和，推搡着湖边的花树，空气阻力带来美好的延续，力度适中地攥紧他的心。有时候我们会将自己想象成一颗原子，在偌大的宇宙中同质飞行，有什么东西在推着我们向前走，人类将其命名为力。

零不等于无

向下，有一股强大的力量企图将他压往地心，脚腕被拉扯住，下一刻好像就要破开地缝；向上，有一束光洁的明亮托举着他，太阳将他的精神域拉至高空，力量在他体内立体地环绕、叫嚣、拉扯嘶吼。朱容岐堪堪稳住身体，用抵抗不平衡时获得的胜利换取妥帖的静止。

初入大学，力学繁杂的推导、计算，复杂的实验步骤以及周围各式各样的抱怨与艰辛，是作用在朱容岐身上，方向垂直于水平面向下的力。下沉感总是通过一些小事表现出来，意欲击垮他：攥紧笔快速计算的手突然松开，大量翻阅课本时枯燥感的突然袭来，阅读一大串公式时突然看不进去……放手，或是再次将手中的笔握紧，这是两种截然不同的选择，简谐运动的振动曲线随着时间坐标轴的无限延伸上下浮沉。一片兵荒马乱之中，朱容岐逐渐找到了属于自己的“阻尼”——力学承载世界，以一种非物质的方式组建宇宙万物。它托举起航天航空，裹挟着国防军工，维持着人类正常的生活进程。随着阻尼的渐渐增大，振动渐渐趋于平衡。

随着学习的深入，朱容岐发现力学能实现自己想做的一切，也逐渐寻找到了力学不靠死记硬背的学习方式。他并没有提及更多精神动力，仿佛在告诉我们：“还需要什么理由呢？这些不就够了吗？”向上，他看到自己的心之所向；向下，他反而接受了那些沉默的存在。他看见黑暗宇宙与璀璨星辰的共存。两种截然相反的力正带来了一个全新的平衡，一个全新的世界。

他在减速，他在加速

昆德拉说过："人处在一个真正的缩减的旋涡中，胡塞尔所讲的'生活世界'在漩涡中宿命般地暗淡，存在坠入遗忘。"旋涡中的潮涌过于激烈，所有物质都打着转下滑，周身的一切都太快了，以至于视线所及，都是模糊的残影，却无半点儿真切。朱容岐设法让自己慢下来，他对自己说，"慢一点，慢慢来，不要痴迷于那些华丽的视觉残留，你要慢下来好好看周围的世界"。他认真阅读书本上的每一行字，将每一个问题都想清楚，将每一个竞赛科研都碾成浆汁慢慢品味。厚重的书本化作脑袋中的收获，他放慢呼吸，将智慧浓缩到更小的体积上来，行囊越来越轻，正方便了他冲刺前的加速。

朱容岐喜欢一个人去图书馆静下心来学习，那些冗长和复杂的公式摇身一变，成为他最好的安抚剂。少年努力让内心那片宇宙中星系的公转速度慢下来，他需要看清楚每一颗在力的作用下运行的星辰，日积月累的知识沉淀让他对力学有了不一样的认识，他找到了力学的乐趣，逐渐发现每一门专业课都有所联系，组成了一个完美有序的系统，于是越学越轻松。朱容岐的缓缓而行，带来了成绩上的加速突破——前3年中绩点始终保持在4.0以上，排名为专业前二；获得过一次国家奖学金、一次国家励志奖学金、一次特等综合奖学金、三次一等综合奖学金；被评为三好学生标兵和三好学生；获得由中国力学协会颁发的全国徐芝纶优秀学生奖。

而挫折难免在胆怯与理想之间产生巨大的斥力，当两者分离时，撕裂的疼痛感是无可避免的。刚接触竞赛的朱容岐也曾被竞赛困难的外表所吓倒，也曾否定自己的能力。朱容岐在未知的领域小心前行，破冰、蓄力，此后朱容岐将每一次竞赛中带来的考验和打击都当作成长的机会，一个个新世界的大门就此被打开：大学期间获得西南交通大学"新秀杯”数学建模竞赛三等奖、西南交通大学数学建模竞赛二等奖、第六届四川省孙训方大学生力学竞赛优胜奖、第十四届五一数学建模竞赛一等奖、第十一届全国周培源大学生力学竞赛四川省三等奖、第九届全国大学生数学竞赛四川省三等奖、全国大学生数学建模竞赛四川省一等奖，也曾在两个科研项目中贡献自己的力量。

回首3年的科研竞赛生涯，朱容岐将这些回忆珍藏起来，相比回忆的苦涩，他更感谢这些科研竞赛让自己成长。

一刻不停地行走，即使速度不至于让人气喘吁吁，也会有想要停下的时候。但是朱容岐从未停止提醒自己的初心，因此从未迷途。他会经常反思自己走过的路径，并寻找未来的轨迹。义教活动中，朱容岐在那些小朋友身上看到了当初充满好奇和活力、目标明晰的自己。他又一次提到了自己的初心：“期盼自己未来能坚守初心，努力前行。”当保持初心成为一种习惯时，坚持便成为同缓缓而行一般容易的事。

作用力与反作用力

世间万物处在微妙的平衡之中，在力与力之间的相互作用下构成了形色各异的世界，而在地球上的每一个物体，都无时无刻不在力的作用下有序地运行着。两个看似对抗的力会因为其中一个力的消失而同时不见踪影，系统会因为作用在它身上的一个力的消失而导致整体的崩塌。

从初入大学到即将毕业，朱容岐的心态也在逐渐改变，从一开始的迷茫到找到自己方向后的努力奋斗；从竞赛名落孙山后的灰心丧气到将众多奖章收入囊中。这些改变的背后除了有朱容岐做事的计划性和自律的性格作为他前进的助推器，更离不开身边的人对他的影响。

当来自生活和学习的压力过于繁重，自己的计划很难完成时，朱容岐也想过放弃，但当他看到室友们都在为自己的目标而努力，他的心中又燃起了斗志，整理心情再次向着自己的目标前进：手中的笔落在纸上，脑海中一次次闪过的计算式，耳边嘈杂的世界映衬着平静有序的内心。竞赛没有拿到理想的成绩时，较为内向的他选择独自承受这份失落，但在热情的队友们的帮助下很快重新振作。竞赛过程中，通宵自习室里有他们匆忙的身影，写满计算式的一摞摞草稿纸见证着他们在竞赛路上的每一步，笔尖一次次地刺向纸面，仿佛在探索通往成功的道路，随之提升的抗压能力以及吃苦耐劳的精神是朱容岐在竞赛中最大的收获。

而在队友、室友们影响着朱容岐的同时，朱容岐自律的性格和对生活的计划性也在影响着身边的人。就像作用力与反作用力一样，同时发生，同时产生作用，互相帮助对方在各自的领域变得更好。

心之何如，有似万丈迷津，横亘千里，其中并无舟子可以渡人，除了自渡，他人爱莫能助。未来依旧是未知且迷人的，但他已经有了坚定地在科研道路上一直走下去的信念，去展现更加优秀的自己。

虽然前路还有许多荆棘，但愿为梦想供灯千盏，照彻长夜，即便飞蛾扑火也无所畏惧。力学会一直在他的心中，为“力”花开满城，为“力”灯明三千。

记者｜杨博文　刘晏榕

编辑｜李雨畔

郭文琦：阮郎归

郭文琦　2016—2017学年“竢实扬华奖章”获得者。2014级土木工程学院土木工程专业学生。多次获得国家奖学金、唐立新奖学金、自强奖学金、特等综合奖学金等奖项。曾获四川省大学生结构设计竞赛一等奖，五一数学建模联赛一等奖等荣誉。毕业后在西南交通大学深造。

阮郎代表所有人，
不要以为你姓张或者姓王，
就觉得自己是另外一种人，
那只是一时一世的顶替或者客串。

——吕新《阮郎归》

读着这篇文章的每一个阮郎，你是否在迷茫，归，要归去哪里？

郭文琦这位阮郎，找到了自己的归处，不迷茫，不随青萍之末的风游荡，坚定向前。

初见他，一身素色干净的衣服，平添几分儒雅的气息，他用平静舒缓的语气说："今天天气有些冷。"俨然一个白衣卿相。

难以想象眼前这个淡雅的男生竟是那个在竞赛中奋力搅拌着混凝土的人，同时也让人难以相信，2014级土木学院综合排名第3名、7项学生工作、10项科创竞赛，竟然是一个人的故事。

心之所归

河川，激流逆流顺流回流，
犹如人生前后进退，往复不息。
大学里，心归何处？

郭文琦一开始也并非一帆风顺。激流逆流顺流回流，一样的错综复杂，纷繁袭来。

一开始的年级27名，到年级第3名、第2名。不是一个胜似闲庭信步的所谓天才，郭文琦笑着否定自己"聪明"。"我没有多聪明，也不是

‘学霸’，我只是尽了自己做学生的本分，上课认真听讲，课后复习，独立完成作业，考前认真复习，这是常态。”

说到这里，他不好意思地笑了笑，“其实我上课认真听讲做得不好，因为最多的时候担任了7个学生工作的职务呢”。

“但是，我感觉最重要的是平衡。”在“平衡”这里，郭文琦重读了一下，又默默停顿，思绪万千。“平衡学习、竞赛和学生工作，虽然我确实因为学生工作耽误了一些上课的内容，或者上课的内容难，没有立刻听懂，但下来我会自学，在通宵自习室完成既定的学习任务，学习不分时间。”

阮郎归，归向何方。河川，激流逆流顺流回流，犹如人生前后进退，往复不息。河川正因平衡了每种涡流，才朝着大海的方向，继续平稳地前行。

毅力之归处

世上，下流，中流，若有栖川，人生无常。
如此温雅淡定的人，
背后却也遭遇了数不清的挫败。

第一次参加竞赛，是学校举办的土木科技月的比赛，结果连模型都做不出来，交的参赛押金都打了水漂；后来参加省里的结构竞赛选拔赛，模型是做出来了，但是第一次加载就失败了。

到大二下学期，将近半年的精心准备，他踌躇满志地去北京参加全国混凝土设计竞赛，结果却由于北京沙子和四川沙子不同，又与奖项失之交臂。这一次失利是极其惨痛的。难过的是，和队友没日没夜尽心尽力的近半年付出，颗粒无收。

但是，阮郎有他的归处，纵使人生无常，但是人的毅力有向，像汇入大海的每条江河，每条长川，日升日落，无尽无止。从小如此的他，性子里便与生带着一种执拗：“你说我做不好的事情，那我就做最好给你看。”

“当时说不着急是假的，已经快大三了，一个竞赛都没做成，再不做出一个，自己心里都会很遗憾。”不是懊悔不已，而是总结经验，前面已经有那么多次失败了，难道就不能换回一次成功吗？他不相信。理智分析了前三次失利的原因，便迅速投入下一次比赛当中。

9月，顺利通过四川省结构竞赛选拔赛，接下来又是3个月的日夜兼程，一个模型需要1.5张A3纸，而他们在整个备赛过程中用完了近500张纸。功夫不负有心人，他们最终夺得了一等奖。

人生无常。你又如何断言，打击后，不会是你想要的欣喜。

情之所归

人世间，酸甜苦辣，若长浪川。

大三那年，忙碌的学习步入正轨，竞赛也有了起色和成绩，郭文琦却遭受了家庭的重大变故，亲人的离开给了他沉重的打击。眼泪是人造的最小的海，而这一切也只有夜深人静的时候自己感伤。问及眼泪，他说：“哭的时候不多，只是会迷茫。”那个坚定的阮郎，第一次不知归向何方。

如果化学家把一滴眼泪中所有的成分都复制下来，包括水、盐的浓度和温度，这又能否称为一滴眼泪呢？答案当然是不能。眼泪中的感情，不能复制。阮郎的泪，不多，但是夹杂着所有的酸甜苦辣。

“有时候真的觉得坚持不下来了，但是睡一觉起来就觉得，生活还要继续。现在的不幸，走不出来，只会让以后更加不幸。”

“我觉得以后不管再大的困难我都能坚持下去，因为已经经历了最大的苦难，所以这件极度悲痛的事情只会让我变得更坚强，让自己更努力、更优秀一点，不要让牵挂你的人失望，这是坚持下去的最好的理由。”

阮郎擦干了他本就不常流下的泪，也收复了暂时迷茫的心。困难，有时就是要看人能咬着牙，坚持多久，攀登多高，飞得多远。

逆旅之归处

人世间，流浪人归，亦若回流川。

虽是真学霸，但是郭文琦却没有“高处不胜寒”。他始终归向自己能获取温暖的人群中，也用自己的心温暖着别人。

他大二就幸运入选竞争激烈的助理辅导员职位，带着一份“没想到”更加珍视这次机遇，把自己的热忱投到学弟学妹身上。在他们还没有入学的时候，就为同学们制作了“大学攻略”，更是给家长写了一封信，让新生还未入学就感受到了暖意。迎接新生时亲自帮忙把行李搬向6楼。除了生活上的关心，郭文琦更是把在学习上的经验和劲头带给了同学们。当这个班的同学获得优异成绩时，他的眸子里带着抑制不住的开心。

在这3年中，他也收获了一群志同道合的哥们儿。他很感念有这样的朋友一直给予鼓励和陪伴。他们一群好朋友一起坐在第一排听课，一起做学生工作，一起复习功课，一起做竞赛，实在是很美好的大学记忆。

谈到感激的人，他还特意提及土木学院李老师：“李老师在我最困难的时候给了我最及时的建议和帮助，不仅是学习上、工作上的帮助，更重要的是对我人生规划的指导。”

有苦难，有支持，有感念，就像你我一样，扮演着这一世他该扮演的阮郎，却活得这样精彩。

你之所归处

人生，如汇入大海的每条江河，
每条长川，潮涨潮落，永不停下奔流的模样。

人生如逆旅，我亦是行人。人生的旅程本身就是带着某些隐痛的，但是你应始终有归处。有了所归之处，你就会忘了一路荆棘，山遥水远，日夜兼程，奔向归处。

郭文琦的阮郎，
扮演得精彩、用心。
那么，你扮演的阮郎呢？
阮郎归向何处？
相信，你应该有了答案。

记者｜马芷荃　刘钰杰　徐林溪

编辑｜韩芳平

PART5
青　春

青春不是年华，而是心境；青春不是桃面、丹唇、柔膝，而是深沉的意志，恢宏的想象，炙热的恋情；青春是生命的深泉在涌流。

青春气贯长虹，勇锐盖过怯弱，进取压倒苟安。

——塞缪尔·厄尔曼《青春》

汤雅雯：她知道风从哪个方向来

汤雅雯 2017—2018学年“感恩中国近现代科学家奖学金”获得者。2015级人文学院广告学专业学生。曾获国家励志奖学金、综合奖学金、三好学生、优秀共青团干部、优秀学生干部等多项荣誉。获得“创青春”全国大学生创业大赛四川省赛区二等奖，全国大学生电子商务“创新、创意及创业”挑战赛四川省赛区一等奖等奖项。

能看见吗？那些涌动的气流，追她前行的背影。

风起

阴云始终遮掩着天空，抬头便是簇拥着的乌黑。细密的雨丝在暗夜中擦过房顶和树梢，飞奔着扑向大地，溅湿了汤雅雯匆匆的步履。

“还记得笔试的那天晚上下着雨，一群人乌泱泱地坐在二教最大的那个教室，我感觉自己渺小到肯定选不上了。”

回忆起笔试时的场景，眼前这个成熟稳重的女生竟表现出一丝紧张。

那年湖南长沙。

爷爷等老一辈航天人的精神承载了孩提时代的汤雅雯对科学家和科学家精神的最初感知。

“我最早对科学家精神的理解是和载人航天有关的，能吃苦肯攻坚的品质时常蕴含在家人间的谈话里，自己从谈话中对他们的精神世界有所了解。”

吃苦攻坚是家庭带给汤雅雯有关科学家精神的初定义。

对于神秘的科学世界，汤雅雯一直保持着敬畏之心，却又忍不住想要填补这份空白。进入大学后，广泛涉猎的广告专业让她了解了更多未知的领域。

汤雅雯始终怀着肯吃苦能耐劳、一步一脚印的心态，投身到专业知识的学习和各项比赛中。而跻身专业排名前5%、获得多项全国大学生电子商务“创新、创意及创业”挑战赛和全国大学生广告艺术大赛等众多奖项是她给自己的最好答卷。

汤雅雯说，这还不够。

“渐渐地，我好像明白，科学家精神更意味着全面发展，就像一个人不可能用一条腿走路，综合素质的提升对我来说非常重要。”丰富的社会实践成为她了解科学家精神必不可少的一环。园区活动部、学生助理团、立德树人教育发展中心等平台给了她全面发展的机会。用她的话来说："广撒网去做才能真正确定心之所向。"

也正是这份探索，使责任心、耐心、细心的种子渐渐成就了汤雅雯独当一面的森林。

这是属于她的风起，在厚积中便决定了那薄发的恣意张扬。

流转

她好像找到了自己的路。

星夜的北京，晚风好像柔和了许多，绵长月光飘飘扬扬地钻过树梢的嫩叶，泼洒到繁华而又寂寞的街上，也流转到了汤雅雯和朋友的脚下。

"雅雯，你确定以后就走这条路了吗？"

"嗯，幕后的工作会让我充实而有动力。"

对姚桐斌校友工作故地的实地调研走访让记忆里那份属于"两弹一星"功勋获得者姚桐斌、陈能宽等科学家的触动变得不再晦涩难懂，她忽然体悟到"道德标准上先做人再做学问，个人利益上以天下为己任，弃小我成大我"的道理。

原来，付出与奉献也可以这么美好。

问起儿时的梦想，汤雅雯的答案由医生变为幕后工作者，不变的仍是照顾他人的初心。或许是与党务学生工作部的深厚缘分使然，抑或是园区活动策划对她的磨砺，她热衷于通过自己的付出为他人提供便利。默默规划，安于奉献的过程让汤雅雯拥有难以言喻的成就感。

"我作为一个文科生可能无法完全理解科学家对核弹、氢弹这些东西的热爱，但我可以把科学家们的精神——热爱与奉献、责任感移嫁到我在幕后工作求索之路上。"

"就园区工作来说，它对我不仅仅是兴趣的探索与投放，更是一份责任。"

不同的风呈现不同的方向。内心有方向，就不会迷茫；前方有终点，就只管奔跑。

要走的路，对汤雅雯来说是方向：“在离不平凡的人一步之遥的地方做一个平凡的人。”

汹涌

3天日夜不息的论文修改，她自嘲是一个孤注一掷的人。

执拗探寻答案的热忱和深深沉浸其中的乐趣是她一直在追寻的。

在汤雅雯心中，失败并不是一件可怕的事，心血的倾注也并非一朝一夕，这是科学家精神带给她的动能。

“广告专业对创新思维与其说是提升，不如说是要求。无论是做策划、平面还是H5，都要求你每天不断创新，提出新的点子——推翻它或者是实现它。”

“广告与科研工作最相似之处就是不怕失败，都是在千万次尝试中摸索出道路。可能广告成效更快一些，而科研更慢，这份工作可能是十几年甚至是一代人的事业。”

认定了，便全力以赴，无问西东。

提及未来规划，她摇了摇头，坦言没有确定答案，近期的出国计划也单纯只是一次全新体验。不谈提升，只论完善，她拒绝给任何经历贴上功利的标签。

“我们国家的条件从某些方面来说并不比国外差。我没有给自己规定一定要考到哪个学校，或是一定要考到什么学位。在想做的范围内，各种感兴趣的事我都会大胆尝试，然后选择自己可以驾驭得最好的那个。”

文科生特有的情感发酵与理工科生较强的逻辑推演让这个女孩善于规划却不屑于被计划束缚。“计划是督促你去完成这件事情，而不是让你被计划框死。”

她并不想去制定一个明确的目标，只是不断衡量现有的脚步。她拒绝在混沌的迷雾中停滞不前，前行的意义对汤雅雯而言不在于它带来的成果，而是去做每一件事的过程。

迷茫的追风日子确实会存在，但好比科研工作上的每一步都是未来成功的铺垫，她不想把功利性掺杂其中，信心是她给自己最好的法宝。

走好脚下，莫问前程，便是追寻的最好写照。

又风起，醍醐透，原来桅杆是自己。

后记

胸怀祖国、服务人民、勇攀高峰、敢为人生、追求真理、严谨治学、淡泊名利、潜心研究、集智攻关、团结协作、甘为人梯、奖掖后学的科学家精神将恒久流传，时代舞台上的我们应传承发扬，心怀感恩。

向他们致敬，
“八风不动”，我们等风、寻风、追风、控风，
只因我们知道，
风从哪个方向来。

记者 | 杨博文　鲍娟　于籍尧
编辑 | 郭杨　刘劲楠

姚铭：在三原色世界奔跑的少年

姚铭　2019—2020学年“竢实扬华奖章”获得者，2017—2018学年“感恩中国近现代科学家奖学金”获得者。2016级机械工程学院机械设计制造及其自动化专业学生。连续3年获得国家奖学金。获得“省级优秀毕业生”“十佳班长”“三好学生标兵”等荣誉。曾获全国大学生节能减排社会实践与科技竞赛国家级三等奖，“挑战杯”四川省大学生课外学术科技作品竞赛省级二等奖等奖项。毕业后去往清华大学深造。

他不是一个画师，不懂得什么技巧，只是一个在三原色世界中不断奔跑的少年。不小心就混合了多种颜色，化学反应一般，绚烂了自己的人生。

红色洇湿左心房

冲动，嘴形微微圆张发出一个送气音，再以鼻音韵尾的去声铿锵地结束。这是在问到姚铭关于科学家情怀时，他毫不犹豫说出的一个词语。

红色饱满而炽热，正如少年对科学家的崇敬以及对科研事业的热情。

像一个第一次去游乐场被眼前的景物所震撼的孩子一样，儿时看的电视纪录片是他对科学家精神的初次认知。在解读他所理解的科学家精神时，姚铭感觉自己总是文不达意："他们竟然可以……"热腾腾的感情卡在胸腔无法轻易用言语表达出来，他把这份感情化作行动，将饱满的热情投入自己热爱的机械专业中去。

三年前，少年左手拎起书包，右手攥紧梦想来到这片新的天地。初来乍到的他和大多数人一样。迷茫的少年第一次走在交大的校园，四周整齐的建筑沉默不语，只有繁星高挂，发出微弱的光。那时科学家精神埋在姚铭心底的激励还只是一颗小小的火种，时光流转，红色的火苗燃烧成为声势浩大的烈焰，在专业领域的求索、导师前辈的引领，使姚铭逐渐找到了自己的方向："机械是一门充满着严谨和美的学科，目前我们国家在精细机械制造方面还有不足，我希望自己能在这条路上一直走下去。"这个意气风发的少年秉承着他一直信奉的科学家精神，为心中的火焰抽薪加柴，愈是燃烧，愈是热烈。

暖黄重建太阳

“你有过迷茫、烦躁或者陷入消极情绪的时候吗？”

“不如意十之八九，但比起无谓的烦恼，我认为脚踏实地解决问题更好。”

一个源源不断发光发热的小太阳，从不吝惜向任何事情释放他温暖的光芒。宁静的夜晚，纯粹的思想，姚铭曾撰写了一篇特别长的班长竞选稿。担任班长一职后，他向辅导员保证：“机械九班虽然现在还不是学院的中坚力量，但我一定要把它变成中坚力量。”为增进班级凝聚力，姚铭鼓励班中同学积极参加集体活动：他带领同学们参加合唱比赛，甚至主动学习起自己从未接触过的指挥知识；组织同学们上晚自习，提升班级学习成绩；积极开展各类集体活动，努力让班级成为每个人的家。“我知道大家一开始可能不熟悉、不积极，但我一定要让我们的班级团结起来。”阳光终究是温暖了它所普照的每一处角落，优秀班集体、示范团支部……一个个荣誉称号是这个大家庭送给作为班长的姚铭最好的礼物，只要用心付出，收获便水到渠成。

处理班级的琐碎事务也好，增强班级凝聚力和调节人际关系也好，为了各种竞赛而忙到没时间吃饭也好，他好像永远笑着。我们总是对未来有或多或少的迷茫和恐惧，姚铭与我们面对面坐在那里，他发出反问：“我们为什么要担心一些虚无缥缈的问题呢？专注把眼前的每一件事情做好不就行了吗？”

我们想不出除了“太阳”以外的其他词汇来形容他，当我们试图分析一个人物身上源源不断的能量和支撑他努力的信念来源时，发现他本身就是一个太阳，对任何事情都报有热忱，对任何困难都会选择逆流而上，对任何冷漠都投之以温暖。

蓝色掉落大海

在关于努力和坚持的事情上，他又化身为沉静、广袤的蓝，姚铭一次次把石子抛进去，这片深蓝色的大海给了他回应。

那是2016年度“竢实扬华奖章”评选活动现场，报告厅挤满了人，然而台上优秀学长学姐发言的声音一下下敲击到了那个挤在最后一排角落的少年身上。于是，从期待期中考试能拿到一个不错的分数开始，少年的理想，在一片懵懂未知却宽阔得引人留恋的大海上，扬帆起航了。

这注定是一次艰难的旅行，更是属于坚持和努力者的旅行。“我一直很想和学弟学妹们讲努力与坚持的重要性，只要你想学习，时间总能挤出来。大二时我因为自己的懈怠而失去了一次数学竞赛的获奖机会，从那以后，在能力范围内的任何事情我都没放弃过。”姚铭说出“任何”两个字时，语气和眼神都无比坚定。这两个字包含着他一个个耗费精力的难熬夜晚，包含着他一次次重复着却永远听不腻的励志话语，包含着他无数次打破自我、遇见全新自己的时刻。

黑白同质共存

黑洞的引力很大，使视界内的逃逸速度大于光速。它能吞没邻近宇宙区域的所有光线和任何物质。而白洞则正好相反，是只发射、不吸收的特殊天体，宇宙中的喷射源。黑洞和白洞好似在姚铭身上奇妙地共存着，他一边收获，一边重新出发。

他不服输，渴望成功，但是又不拘泥于成功。他是高中时班里负责跑操的体委，本来声音很小的他慢慢将口号声喊成了全校最大；他作为班长带领同学们将机械九班从学院的“中间力量”变成“中坚力量”；大一时他曾对自己的成绩不自信，却最终将大一大二学年的专业第一收入囊中……他拿过全国大学生数学建模竞赛的省级一等奖、节能减排社会实践与科技竞赛的国家级三等奖、五一数学建模二等奖，获得过两次国家奖学金和“三好学生标兵”“十佳班长”等荣誉称号。“对于自己的成绩当然会产生一种喜悦，但是喜悦总会回归平静。”他享受成功的喜悦，却一直保持一种低调的姿态，他知道世界还很大，自己还远远不能到这里为止。

空旷的世界因颜色而多彩，三原色均衡混合后产生了意想不到的黑或白。黑是姚铭一路走来收获的沉甸甸的果实，而白则是一次次的重新出发。黑白泼墨，互相留白，黑白同质，姚铭的每次出发都是收获，而每次收获，都使他重新踏上征程。

红色混合黄色，是丰收的橙；黄色配以青蓝，是生机勃勃的绿……

在三原色世界里奔跑，不管朝哪个方向，只要脚步不停，就能被带入一个全新的境地，成全一个新的自我。这也许是对姚铭最好的诠释。

记者｜刘晏榕　杨博文

编辑｜李雨畔

孙浚杰：
桥梁王国的行者

孙浚杰　2017—2018学年“感恩中国近现代科学家奖学金”获得者。2015级土木工程学院土木工程专业学生。曾获2017年“高教社杯”全国大学生数学建模竞赛国家一等奖、2018年美国ASCE土木工程师学会钢桥赛中太平洋赛区总成绩第5名、单项第1名等多个奖项。发明专利1项在审、实用新型专利1项。毕业后去往同济大学深造。

将少年意气尽敛心间，不露圭角，谦和、沉稳是他；情怀是飞虹顶端的钢线，好奇是筑基的瓦石。承交大土木之志，他浇筑出独属自己的一座桥。

桥之基丨那一点点“微不足道”的努力和动容

基是建筑物（不限于桥梁）下支承的岩土体，是建筑物的基础。

深夜的自习室，灯光下少年的身影显得那么坚定，一遍又一遍地重复，草稿纸上曾划去多少以为正确的答案。而对孙浚杰来说，这太稀松平常不过：他在做科学家做过的事。

说起前3年的种种，孙浚杰笑着说：“记忆最深刻的还是在自习室学习，记得有次太累了，直到被冻醒才发现原来自己睡着了。”他从入学时排名在年级的尾巴一路游到了前端，稳定地保持在年级前几名，也只不过“想证明一下自己”，但好像这个过程并没有那么“拼命”。于他而言，学习不过是一件淡淡的、水到渠成的事情。

水到而后渠成。一张张薄薄的草稿纸，一套套复杂艰涩的公式，一个个没有尽头的数值，在孙浚杰口中，都只是轻飘飘的一句“多刷题”。他说：“刷题不是搞题海战术，只是让逻辑更清晰，在演算一个方案时更有理有据。”做过的试题、画过的工图、建过的模型……这一切都会构成一架给自己的、朝向山河彼端的桥。

他慢慢地、细心地将自己雕磨打琢，而队友让他锦上添花。在奔向桥梁的广阔天地中，孙浚杰邂逅了一群志同道合而可爱的人。他们各有擅长，又配合默契，一次次点燃科创的火花。

“最让我感动的是大二到大三的暑假，我们参加2017年‘高教社杯’全国大学生数学建模竞赛。有一名队友去另外一场比赛了，只剩我和另外一个队友。他的位置非常重要，我们只能先把自己那份做好。幸好他在比赛完后马上从江苏飞回来参加比赛。有了他之后，我们团队进展非常迅速，最后拿了国家一等奖。”

这件特殊的事情一直令他感念，他一直带着这份如冬日小火温炖的暖意，置换成前进的动力，走得愈加坚定。

透过他的眼睛，我们仿佛能看到漫天的题纸在他的身旁飞扬，那些一点点汇集的知识在他身旁环绕，竞赛中伙伴们的情谊在他身旁舞蹈，闪闪地发着光。站在科学神圣殿堂的门前向上仰望，每个人都是渺小的一粒微尘。孙浚杰也一样，他只是不断做着在他看来理所当然的事情，凭着一种“逢山开路，遇水架桥”式的精神，一步一个脚印向前走罢了。但我们明白，打磨自己，便是相信日积月累的回报，相信每一个微不足道的累积。也正是这些细小的收获，夯实成了坚固的桥之基。

桥之塔 I 兴趣使然追光者

塔是一些特定桥梁类型（斜拉桥、悬索桥）中汇聚压力的结构，是承重中坚。

你有隐在内心深处的光吗？它从不陨落从不消融。

无穷的科学秘境，浩瀚的知识，各式各类的桥梁……这就是孙浚杰的光。“兴趣是自己最好的老师。”没有人生来就是天才，也没有人天生懂得深奥，但人天生好奇。对物理知识的好奇，对桥梁天生的热爱，兴趣便是他同桥之塔一样的中坚动力，任那扬起的火光沸腾整个胸膛。

“我真的没有觉得那些看起来晦涩难懂的书有多枯燥，因为我觉得我不仅仅是在看这本书，更是在解决问题的过程中收获了满满的成就感。”孙浚杰是一个追光者，他总是能从那道光中“打开新世界的大门”，觅得一座岛屿，摘得一片星群，用新学到的知识来滋养和栖息自己追寻旅途中永不疲倦的心。

“我不知道为何能这样痴情……”来自他最喜欢的一首歌《等待》。他对科学的情也是这样的，不知所起而一往情深。这束光明澈又灼耀，呼唤着、指引着他，更化作桥之塔支撑着他。少年攥紧双拳，便决定：

踏风霜，逐流光。

桥之肋丨纵快马一程，赴家国之约

肋对建筑物的刚度、稳定性起辅助作用，虽体量小但作用大。

少年的梦，始于儿时，绽于少年，赴于一生。

在谈到未来时，这个男孩子眼眸里倒映着赤诚之心：“我最敬佩的科学家是于敏先生。他为了祖国的核事业放弃了光明的学术前途，哪怕隐姓埋名，常年奔波。”在孙浚杰第一次了解到“中国氢弹之父”于敏时，他的梦想就已经为他开辟出了一方绮丽宇宙。

他学习到的不仅是于敏刻苦钻研的精神，更是于敏身上炽烈的家国情怀。透过遥远时光，老一辈科学家将温度传递给了年轻一辈，将炽烈似火的家国情怀深深溶于血脉，镌于骨骼。他希望未来某一天，能致力于交通强国，他的“苍龙背”能连通天堑鸿沟，连通洪泽湖海，连通心与心。

而让他拥有这个机会的，是交大。

孙浚杰在答辩稿中这样写道：交大以它的方式渗透进我的生命，我也在以我微薄的力量改变着它。“如果我没有进交大，肯定不会成为现在的自己，肯定不会有现在所有令我感到荣耀的事情。”孙浚杰受访中认真说道：“谢谢交大‘收留’了我。”这个谦和而情深义重的少年由衷地感谢母校，也更要用赤忱的心身体力行地回报他爱的校园。这份灼灼情怀弥漫开来，助他向星辰大海起航。

他相信：十年铸剑只为炉火纯青，一朝出鞘定当倚天长鸣。他是桥梁王国的行者，一个谦和而踏实的行者。

记者丨唐聪睿　马芷荃　王宇哲

编辑丨马芷荃

钱彬祥：文艺工程师的自我修养

钱彬祥 2017—2018学年“感恩中国近现代科学家奖学金”获得者。2015级地球科学与环境工程学院测绘工程专业学生。获国家励志奖学金2次，并荣获西南交通大学第二届“十佳班长”“优秀毕业生”“优秀团干部”等称号。曾获2019年“五一建模”省级一等奖、2018年度省级二等奖等奖项。毕业后去往中国科学院大学深造。

我一野马，步由心生。休谈去往，不念归程。

文质现彬彬，祥云任卷舒。钱彬祥说他人生有三幸，一是生长在淳朴农村，天性平实自然；二是好文学爱创作，喜欢用文字记录所思所想；三是求学之路坎坷，成就了心底的豁达与敬畏。

钱彬祥感激在成长路上每一位真心关怀自己的人，尤其是他的辅导员。是辅导员唤醒了大一时期迷茫的他，让他勇于去探寻自己人生的无限可能性，也是辅导员帮助他叩开了“感恩中国近现代科学家奖学金”的大门。

靡不有初，鲜克有终：沐于凡尘，立也斯人

“欲善其终，必固其始。”钱彬祥这样介绍他的故乡固始。生长于斯，淳朴的乡土气息，是他放不下的情结。是故乡，于笔锋辗转中皴染出他的人生底色，为他带来了一份干净与纯朴。钱彬祥是一个有乡愁的人，对于很多人来说，“从哪里来，到哪里去”这个问题的答案似乎并不那么清晰，但钱彬祥早已有了自己的答案。“我的人生是一个圈，起点即终点。”钱彬祥淡淡地讲道：“因为知道自己的心之所向，前路便不再迷茫。我知道自己终究要回到那里。”

钱彬祥常常感激那片生他、养他的土地。与无数面朝黄土背朝天的农民一样，钱彬祥勤勤恳恳做事、踏踏实实做人。钱彬祥的梦想很简单，做一个会写故事、善于向世人讲述故事的农民，而这些故事，每天都发生在中国最广袤的农村大地上。

谦谦君子，温润如玉：古道热肠，春风化雨

担任班长的日子，既是磨难，也是锻炼的机会。以服务同学、促进班级进步为第一要务，钱彬祥的字典里，没有“自我”二字，一切以集体为先。他曾为督促大家去上晚自习而到寝室挨个敲门；曾为同学们整理学习笔记并讲评习题……在他的带领下，同学们渐渐形成良好的学习习惯，班级的成绩也稳步提高。他的努力，同学们看在眼里，热于心底。“我觉得可以感化。”这是他对或许不愿听其劝告的同学抱有的回应。钱彬祥将做班长看成一场锻炼，他善于察他人需求、解他人困厄，以善意的方式关怀之，令人如沐春风。

积极参与社团活动的钱彬祥，担任了地新传媒新成立的编辑部部长。他与另外几名部员挑起重梁，带领部门找准定位，以建设社团的文化底蕴为目标克难前行。时至今日，他承接过许多学院重要发言稿件的写作与修改，也一步步推动着编辑部的发展与进步。

不负韶华，携梦起航：铭记初心，砥砺前行

古训有言：“博学之，审问之，慎思之，明辨之，笃行之。”钱彬祥喜爱文学，尤其是诗歌，这使理工专业的他有了另一种看待世界的方式。这种富有感情与美学色彩的文体，是他文学之路的引导者。当他阅读过鲁迅、莫言、余华的作品后，心系故乡土地、故里人民的他，对这种质朴而厚重的文学形式感到深深的痴迷与热爱，故有了“为底层人民写作”的想法。

有匪君子，如切如磋，如琢如磨。钱彬祥任君子（虚拟）书院二期朋辈导师期间，曾获君子书院一期“德风”奖。对于君子，钱彬祥有自己独到的见解。“士不可以不弘毅，任重而道远”，君子是一种理想化的境界，也许这是常人永远无法企及的高度，但是成为君子的追求依旧会鼓励人们在修身养性、治学求真的道路上砥砺前行。君子，是一座理想丰碑，永远屹立。

高山仰止，景行行止：以彼为引，看我扬鞭

朴实、率真、责任心，是钱彬祥的底色。而科学家的精神，则为这幅画卷，绘出绚丽的一笔。

钱彬祥与“感恩中国近现代科学家奖学金”结缘于一首名为“壮志征途漫，赤心系中华”的诗歌，这是钱彬祥在参评之前写下的诗。这首诗激情澎湃，字里行间流露出钱彬祥对近现代科学家无私投身于祖国科学事业的崇敬与赞扬。

为了增强自己对中国近现代科学家的了解，钱彬祥找来相关书籍，从近2000页的文献资料中汲取养分。他发现，中国近现代科学家精神带给他的鼓舞远远超出自己的想象，一位又一位学术泰斗、科研巨匠，给予他深刻的感触：科学家在国家发展的过程中充当开拓者的角色，青年一代应当向他们学习，不仅要学习他们在学术领域取得的成果，更要学习他们崇高的精神品格。大国崛起，青年先行。

钱彬祥敬佩邓稼先为科学与祖国献身的精神，敬佩钱学森不畏千万险阻而回国的事迹，也敬佩于敏身上那种朴实的高尚品格。如果一定要让他选择最敬佩的一个人，那恐怕要把所有这些科学家的品质集于一个人的身上，再赋予他一个新名字——中国科学家。

钱彬祥也想成为“中国科学家”，他渴望沿着古今中外为天地立心、为生民立命、为万世开太平的学者和大师的脚步，为这个世界创造一点点美。

读钱彬祥的文字，总能将你从现实的喧闹中抽离，让你放慢脚步，缓缓走进他所营造的文字世界。那个世界里，有“大国崛起，青年先行”的热血与激情，有如“听香手记”般的细腻与柔情。在那个世界里，钱彬祥这匹野马，正不顾风雨，驰骋天涯。

记者｜陈一宁　董文韬　郭俊宏

编辑｜王貌

最美的事情，是伴你度过青春岁月
——“学霸寝室”专访

秦小云 2014级信息科学与技术学院计算机科学与技术专业学生。曾获第十四届五一数学建模竞赛一等奖、七九电算校友奖学金、一等综合奖学金、二等综合奖学金。毕业后在西南交通大学深造。

邹婷 2014级信息科学与技术学院计算机科学与技术专业学生。曾获国家励志奖学金1次、二等综合奖学金3次、三等综合奖学金3次。获西南交通大学信息科技月机器人舞蹈创意大赛三等奖和第八季强生未来领袖优秀奖。毕业后在西南交通大学深造。

邵明天 2014级信息科学与技术学院计算机科学与技术专业学生。曾获国家奖学金1次、一等综合奖学金5次、特等综合奖学金1次，并获美国大学生数学建模二等奖、光立方设计竞赛二等奖等。毕业后去往中国科学技术大学深造。

张碧依 2014级信息科学与技术学院计算机科学与技术专业学生。曾获第十四届五一数学建模竞赛一等奖、国家励志奖学金3次、校级三好学生3次、综合奖学金6次。毕业后在西南交通大学深造。

周诗莹 2014级信息科学与技术学院计算机科学与技术专业学生。曾获二等综合奖学金6次。曾获四川省“生命之星”科技邀请赛三等奖、全国五一数学建模联赛三等奖。毕业后去往浙江大学深造。

孙虹霞 2014级信息科学与技术学院计算机科学与技术专业学生。曾获第八届中国大学生服务外包创新创业大赛二等奖、第十三届五一数学建模联赛三等奖。毕业后去往中国科学技术大学深造。

不觉间就这样相遇，一起笑、一起哭，一起历经银杏的抽芽、生长、绚烂、凋零。我们终于走到栀子花盛开的这一夏，也许你们已忘记初见时的场景，我却记得你们当时灿烂的微笑。感恩一路有你们和我一起，向阳生长、不惧风浪。

孙虹霞、邵明天、周诗莹、秦小云、邹婷、张碧依，她们是信息科学与技术学院计算机2014级1班仅有的6个女生，住在相邻的两间寝室。全班共10人保研，她们占据了6个名额。其中，孙虹霞、邵明天保研中国科技大学，周诗莹保研浙江大学，秦小云、邹婷、张碧依保研本校。在秋日抽芽，在夏日开花，6个人，像极了6种不同的花儿，也许花期不同，或许姿态不一，却彼此点缀，构成6月里美丽的风景。

携手走过4年，她们有着太多美好的共同回忆。

仍记初遇，眼眸清澄

怀揣满心的好奇，她们走进交大，惊喜之中带着害怕、新奇之中带着迷茫。现在，时光倒流，回忆的指针拨到4年前：

也许是因为“小说迷”的称号太过真实，孙虹霞对初遇的场景已经模糊，在她的记忆里，好像只有邹婷抱着枕头和被子走进宿舍的经典一幕。其余的记忆，可能就真的只有那天的小说翻到了第几页。

周诗莹，人送称号“莹姐”，一个他人口中“安全感满满的女生”，也在初来交大时不敢一个人睡在宿舍，于是作为本地人的邹婷毫不犹豫地卷着被子和枕头到隔壁宿舍陪莹姐，或许只有第二天邹婷回宿舍时的样子，才能给孙虹霞留下那超越小说的经典一幕。周诗莹提道：“邹婷是一个特别活泼可爱、招爸爸妈妈喜欢的小女生。一次我和爸爸妈妈去食堂买早饭，她隔很远就在向我爸妈打招呼。”

因为一些原因，秦小云到校的时间比其他人晚。这个独立的女孩，独自一人来到学校，独自整理床铺，迎接4年未知的大学生活。第一次和大家见面，秦小云就将所有的女生认了个遍，“当时很开心，因为我从她们身上找到了认识人的一些影子，感觉自己不再是一个人”。

随和、温柔、精致，这是其他5位女生对张碧依的评价。蓝色的小裙子、精致的高跟鞋、温柔的语气，她像是从童话中走出来的女孩，让人特别想保护她。

“我是吃了别人的‘安利’，才想要来成都读书的。”关于大学的选择，邵明天给出了这样的回答。关于初遇的那天，她似乎也没留下太多深刻的记忆，但是其他女生却对她记忆深刻：她是带了一大家子过来的！可热闹了！

至于邹婷之所以被称为“邹老师”，那应当是因为她古灵精怪吧。除了活泼可爱，她更是一个重感情的女孩，对高中生活的不舍、对大学生活的迷茫，邹婷也曾懵懵懂懂，慢慢地才在大学找到自己的归属。

色彩纷呈，各自灿烂

“她是我们班的活宝，还是一个戏精，特别多戏的那种。”

“每天就窝在被子里看小说，但不影响她在学习上的努力。”

“她是一个行动力超高的女孩子，一有事情布置下来就会在第一时间内完成。”

“她很独立，对自己的要求也很严格。”

“因为她个子比较高嘛，感觉天塌下来她会先顶着。”

“温柔，真的特别温柔。”

她，她，她，她，她，她，6个她。谁是那个她？她是哪个她？

来自五湖四海，性格迥异的她们被缘分联系在一起，被赋予了一起成长的任务。日月轮回、春夏交替，感情在一点点累积。

被认为是“活宝”和“戏精”的邹老师、热衷于小说的学霸小虹、

“日常稳定”的行动派主义者天哥、独立而坚韧的小云、温柔而细心的依依、“天塌下来有我在”的莹姐，可以说，这真的是一个性格多样化的集体。“我们6个的日常就是‘互损’。”

因为各自的存在，她们的生命中都出现了不一样的五种色彩。

斯人若虹，唯遇方知

谈到保研经历，她们提到最多的是整个班集体。在她们眼中，进入这个班集体、遇上这些人，这一切都像极了电影里的那句台词：“斯人若彩虹，遇上方知有。”

她们认为自己能够保研与整个班集体密不可分。无论是学习还是组织活动，整个班的集体氛围都特别好。男生总是很照顾几个女生，每一次集体外出都会有几个男生走在队伍后面，让女生走中间。男生们的保护让6个女生觉得特别安心。

班级的学习资料都是共享的，谁拿到什么资料都会往班群里传，没有人藏着掖着。而且考试前，每个科目学得好的同学都会把自己整理的知识点发到群里，供大家一起复习。

准备保研期间，她们的班长建了一个保研群，尽管自己不参与保研，但每次有什么需要他的地方他都特别热心帮忙。保研的名额存在不确定性，于是班长嘱咐女生们彼此多关注一些，如果发现有谁情绪不对就要马上去开导。

初试后第二天是学校期末考，她们当时的学委在考前发了一条消息，让参加初试的同学到自习室，由学委带着他们一起复习。这条消息让女生们特别感动。

做了万全的准备，也经历了种种困难，在解锁了“女生集体保研”新成就之后，6个女孩子都表示：“其实这更像意料之中的事情。”从大一开始，她们的成绩便都排在靠前的位置，对待学习，她们有自己的一套方法，遇上难题，她们也不吝于开口向其他人请教。保研之途，没有俗套中的轰轰烈烈、胆战心惊，更多的是一份宁静、一份坦然、一份相信坚持付出必有回报的信念。

学姐学习小贴士：

1. 要养成良好的学习习惯，并持之以恒坚持下去。

2. 知识不要仅仅停留在书本，要多接触一些有思想的人，多与他们交流，才能够开阔自己的眼界。

3. 上课做笔记很重要，一个好的标注能有效提高复习效率。

4. 作业一定要完成，弄懂每一道作业题目，而不是机械地记忆结果。

5. 要多关注课本中细节性的知识点。

6. 课上老师讲到重点往往会加重语气或者重复。

7. 考前复习很重要。

8. 多尝试新鲜事物。

9. 大学期间一定要明确自己的目标。

前程路远，愿君安好

曾经与你同乘一辆火车的她们，逐渐变成了站在月台和你招手再见的人。这些曾经交错的轨迹，终归也会分开，但总有一些记忆、一些人或事，从遇见之初，就永远留在各自的生命里。也许很多年之后，关于大学的种种已忘得差不多，但当电话那头传来最熟悉的声音时，那些记忆，会突然间伴随泪水涌入脑海。或许一生最美的事情，是一起度过的大学4年。

但是即使下一站，你已经拿好行李站在门口准备下车了，那些你生命里不期而遇的她们，也会想多多嘱咐你："随声物品都带好了吗？路上注意安全。"善良的姑娘啊，希望你带着我们的祝福，一直走下去……

To 秦小云：

小云，希望你能更融入集体，每天开心生活，没有烦恼。遇到不开心不要自己憋在心里，找个方法把它宣泄出来。

To 邹婷：

邹老师，希望你不要熬夜，多锻炼身体。希望你一直保持年轻的心态，最后希望你吃胖一点。

To 邵明天：

小天，希望你变得更成熟，要照顾好自己。希望你做事不要太着急，不要冲动做决定。在团队中多与其他人交流，不要所有事情都自己扛。希望你和小虹在同一个实验室里能相互照顾，彼此帮助。

To 张碧依：

依依，希望你多与人交流相处，性格更外向一点。希望你能够一直温柔下去，每天都做让自己开心的事情。

To 周诗莹：

莹姐，希望你一直保持现在的状态，一直开开心心。希望你有时间多与父母交流沟通。希望作为吃货的你可以吃遍全世界。

To 孙虹霞：

小虹，希望你好好照顾自己，规律饮食，少吃外卖。希望你好好保护自己的眼睛，不要再冲动性熬夜。祝你一切都好。

To 所有人：

苟富贵，勿相忘！

分离已是在眼前，一转眼便要各奔东西，再见不知是何年，一念起，许诺后会有期。4年于一生，太短，但4年情于一生，却又太长。相伴度过4年的她、她们，再见。

一定要再见。

记者｜麦启欣　王貌

编辑｜李雨畔　刘劲楠

你见过哪些令人感叹的事情?

——“学霸寝室”专访

范正午 2013级建筑与设计学院建筑学专业学生。曾获综合奖学金8次、校级三好学生3次、优秀共青团干部2次。曾获第二届“中建海峡杯”海峡两岸大学生实体建构大赛优胜奖。毕业后去往华南理工大学深造。

金沛沛 2013级建筑与设计学院建筑学专业学生。在校期间获得三等综合奖学金4次。毕业后去往南京大学深造。

罗召鑫 2013级建筑与设计学院建筑学专业学生。曾获三等综合奖学金2次、二等综合奖学金5次、国家励志奖学金3次。获得“中交杯”2017大学生桥梁设计大赛优秀奖。毕业后去往天津大学深造。

高伟哲 2013级建筑与设计学院建筑学专业学生。曾获“中交杯”2017大学生桥梁设计大赛优秀奖、“2016中韩建筑院校学生交流工作坊—书法交流中心竞赛”一等奖及西南交大“首届建造节暨实验竞赛月”一等奖。毕业后去往同济大学深造。

“我们一学期里最轻松的时候就是期末考试周，没有图要画，考试很简单，我们合体复习，一两个小时就搞完了，剩下的时间都可以用来休息。”

范正午：
摩羯座，内心戏多、责任感强

看了看我的3个室友，他们分别是这样的：

「金沛沛」

有一次我们寝室4个人去吃饭，有一个人提出来想吃鱼香茄子，金沛沛就给我们点了3盘鱼香茄子，一人一盘，不许浪费。

因为沛沛，我的大学是鱼香茄子味的（笑）。

除此之外，沛沛拒绝大部分蔬菜和水果，吃火锅的时候必点虾饺。甚至后来他不点，我们都知道帮他拿了。但是可怕的是，就是这样一个人，我们对他的评价依然是四个字——可爱害羞。

「高伟哲」

我们寝室每周会一起看一部恐怖片。4年下来，我们对恐怖片的抵抗力已经能排在全国高校男生宿舍之首了，并不是因为恐怖片有多恐怖，而是我们被高伟哲的叫声历练出了胆量。

高伟哲非常调皮，日常也不安分，寝室里的点子都是他出的，这是个“极不稳定”因素。除此以外，他还经常丢三落四，日常叫喊：“钱包不见了！”（虽然每次都会在某个犄角旮旯里找到）作为家长、保姆、寝室长的我很愁。

他一般在考试周更受班里同学欢迎，因为有一年的力学期末考试，他押中了最后两道大题，40分啊！后来周围寝室一到期末都来找我们要复习资料……

「罗召鑫」

比起高同学，罗召鑫就是暖男、稳定剂。生命源于爱和幸福，生活源于高数。他的高数特别厉害，话说到这儿就够了。

「我自己」

我啊，之前是个“呆呆男”，但是受双商都很高的高同学影响，现在貌似好点了。

什么是有趣啊，有趣就是碰撞吧，不同属性的我们碰撞出来充满碰撞的生活，就像混合果汁一样，缤纷地、丰富地鲜活着。

『室友说』

哈哈哈哈哈哈，论寝室长同学如何从干净利落沦落到被我们带到再也不想打扫寝室的。

金沛沛：
执着是生命的主线

「高伟哲」

有趣的第一种定义是反差，反差在于爱搞怪的高伟哲对每一件事都会追求极致，都会要求自己做到最好。他的设计能力近乎完美，手绘也非常强。刚开始我被他那“强大的内心”震慑到自我怀疑（遇到他之前我从没接触过这种人），但越和他生活在一起，你就越能够认可他甚至崇拜他。

「范正午」

有趣的第二种定义是浪漫，正午他享受那种差异性，胆大敢为又上进，同时又有自己的格局，有自己的判断体系和逻辑思维，永远在尝试和挑战玫瑰色的人生。

「罗召鑫」

有趣的第三种定义是温和，召鑫人缘（女生缘）超好，他说自己是“专业陪玩”，大家也愿意找他玩。他总是不争不抢地积极，不左不右地面对。

「我自己」

有趣的第四种定义是执着，同学这样评价金沛沛：“执着无关对错，它是生命的主线。沛沛考研的时候，我们就觉得他这么执着，一定能考上；他的家乡是东阳，耳濡目染的建筑氛围，熏陶着他也要在建筑之路上‘执着前行’。”

『室友说』

所谓学霸，不一定有多高的智商，做到坚持才是最难的，我们3个都觉得，沛沛要考就一定能考上。

罗召鑫：
随遇而安，“佛系”人生

说是容易满足，其实生活真的很幸福！

很幸运地，我爸妈从小就支持我的选择，觉得只要我开心就好，我又遇到了他们几个，身边都是很好的人，怎么会不幸运呢！

「范正午」

范正午这个人啊，内心戏多，但是人还是很正直的，我喜欢叫他“范胖子”。我对亲近的人都喜欢叫胖子。

「金沛沛」

沛沛的坚持体现在各个方面，无论是学习还是其他方面，要做就要做到最好。

「高伟哲」

我大一刚开学的时候对高伟哲在心理上会产生一些隔阂，他成绩很好，全能型人才，世界观、消费观又很超前，我觉得他简直就是个“纨绔子弟”。但是相处久了，发现当时我是“以貌取人”，他真的是很好相处也很有同理心的人。

「我自己」

有一次我外婆过生日，正好是周末，寝室的其他3个兄弟陪我一起坐车回家给外婆过生日，老人家可开心了，我也特别感动，他们仨就像我的亲兄弟一样。

幸福阈值低，在我身上从来都不是坏事。

『扬华君说』

采访开始前点饮品，其他3位学长都点了冰摩卡、冰咖啡一类，只有罗召鑫学长点了普洱茶。养生，养生。

高伟哲：
遵循规则，但崇尚自由

我是到今天才知道他们仨开学的时候都对我不爽（笑）。

始终如一的，像是沛沛的坚持、罗召鑫的“佛系”；有改变的，像是我变得成熟了，考虑事情更周全了，范正午变得不那么“呆”了。总之这几年，人总是在长大，我们相处得也越来越和谐。

选择建筑这个专业是因为我从小就很喜欢画画，又是个感性的人。你们问我有没有方案做不出来的时候？嗯……好像真没有。

『扬华君问：其实很多同学都管你们叫“大神寝室”，对于这个称呼你们是怎么看的呢？』

其实什么“大神寝室”也没那么夸张啦，我们也像大家一样，一起健身滑雪深夜烧烤，一起策马扬鞭纵享人生繁华，一起骑车旅行合影留念，一起在备考时打游戏找刺激。

我觉得建筑难，而且我又学得太慢，像是建筑技术，包括结构、设备，建筑的细部和节点、材料的使用，这些我掌握得都不够好。正因如此，只有努力地学，我相信只要我慢慢地学还是会学到一些的，就能把房子盖好，建筑也算没有白学。

有什么想对学弟学妹们说的吗?

多尝试，不要怀疑自己，要多出去走走，好好利用假期，锻炼自己。

——范正午

要多接触新东西，很多东西都是互通的。

——金沛沛

身体最要紧!

——高伟哲

专业课学习并不是唯一重要的东西，实习实践还有其他体验也是大学生活的一部分，综合能力很重要。

——罗召鑫

相聚的室友又多又有趣，楼上同学秀得让人羡慕。

如果回忆起大学的寝室时光，可能是一起看恐怖片的夜晚，可能是期末复习时共享的资料，可能是一同走过的山重水复千万里，可能是彼此相视一笑的默契。

大学这几年不短不长，寝室那一方地不大不小，刚好够遇见3个超棒的人和一个最好的自己。

要分别了，吹起口哨前进吧，我并肩同行的朋友，祝好!

记者｜郭玥　马芷荃　赵婧平　申天文

编辑｜申天文

大学生艺术团“国庆快闪”创新实践项目：献礼祖国，以青春的名义

——SITP优秀成果展示

国庆节期间，你的朋友圈有没有被这样一个视频刷屏？

图书馆平台门前，响起悠悠的中提琴声，路人们纷纷驻足，向琴声传来的方向眺望。中提琴、大提琴、单簧管……逐渐加入了进来，一名白衣少女和着管弦声舞姿翩翩，图书馆前的小音乐会就这样悄悄开场了。“一条大河波浪宽，风吹稻花香两岸……”少女放下正在拍照的手机，跟进曲调，悠扬吟唱。

一首《我的祖国》在越来越多的同学们的参与中逐渐变得丰盈，用手指、歌喉、脚尖演绎着交大学子对祖国母亲的浓浓赤子深情。从图书馆闻声而来的同学、过往的老师、附近的后勤人员，被这一幕深深吸引感动，掌声经久不息。

你知道吗？

这次别出心裁的国庆节快闪活动正是2018年西南交通大学第1期大学生思想政治素质训练计划项目（SITP）中的优秀项目。大学生思想政治素质训练计划项目（SITP）是西南交通大学大学生创新创业训练计划项目（SRTP）的思想政治素质训练专项项目，是一项在教师指导下，通过

开展不同类型的思想政治工作系统性提升大学生思想政治素质的训练计划。通俗来讲，SITP就是一项训练大学生懂做思政工作、善做思政工作的素质提升项目，具体由党委学生工作部、教务处组织实施。

序幕："一条大河波浪宽，风吹稻花香两岸"

"SITP立项之初，好像并没有经历什么波折。"罗昊旻回忆道。2016级土木工程学院的罗昊旻担任我校大学生艺术团新筑交响乐团团长，他第一次向指导老师提出做快闪演出想法的时候，立即得到了老师的鼓励与支持。而后在与舞蹈团、合唱团协商时，也十分顺畅地得到了同学们的正面反馈。让表演从台上走到台下，来到人群中，来到同学们的生活中，缩小同学们与艺术的疏离感，是他们一直以来的愿望。除了这样的夙愿，"我们对有这样一次合作机会感到非常兴奋。器乐、声乐、舞蹈本来就是一体，大家各自发挥所长，让不同的艺术形式交融在一起，是一件太曼妙的事情"。2016级人文学院学生、1896合唱团团长周坤鹏如是说。

于是，这群青年走出自己的艺术世界，乘着月亮船在星星中游走，发掘一座又一座未知滋味的星球，碰撞出热情与艺术的火花。恰逢国庆到来，这群满腔热情的青年便以此为契机，以青春的名义向祖国献礼。

就像他们所表演的歌曲《我的祖国》中第一句"一条大河波浪宽，风吹稻花香两岸"一样，这件在局外人看来的"大工程"，在这群专业而热情的青年手中，舒展而顺畅地，趁着金秋的稻香，悄悄酝酿。

高潮："这是英雄的祖国，是我生长的地方"

点子敲定，到具体实施编排阶段却遇到了不少困难。

"快闪"形式与经典的《我的祖国》的融合，正是让经典以有趣的方式，以青春的姿态重现。但如何让经典不流于形式，不囿于"快闪"，真实而丰满地展现出青年们对祖国的赤子深情才是真正的难题。

“被克服的困难就是胜利的契机。”在党委学生工作部文化素质教育基地办公室老师的指导下，一切困难的解决方法渐渐有了头绪。他们认识到，即将进行的表演不仅是单纯的歌舞，更是有剧情的展现与真情实感的流露。于是，在舞姿的一跃一纵中有了更多的深情，在管弦一张一弛的演奏中有了更多的温柔，在歌曲合唱的一字一句中有了更多的热忱，他们满怀着对祖国的热爱崇敬之情与展示自己才能的自信，这群年轻人启程了他们的快闪之旅。

创意就座，航向把握，剩下的便是一点一滴的演排了。“灵感全然不是漂亮地挥着手，而是如犍牛般竭尽全力工作的心理状态。”临近演出，更要抓紧每分每秒刻苦训练，打好配合。由于场地相隔较远，为了更好地配合音乐，不耽误训练进程，2016经济管理学院学生、氧气舞蹈团团长何苗苗专门录下了交响乐与合唱团的录音，带着团员们一遍又一遍地跟着录音练习动作，舞蹈编排也改了一版又一版。她清楚地记得在演出的前一天晚上，三团合作彩演结束后，她蹲在拉丁舞馆门前偷偷抹了抹眼泪，就像之后一遍遍反复观看表演视频会心大笑一样动人。

回想起深夜舞蹈室灯光下成员们不断揣摩舞蹈动作的身影，她微笑道：“真的非常感谢和心疼每一个参与舞蹈的同学。为了能让演出达到最好的效果，他们都是占用自己的休息时间来训练的，也从来不抱怨一句。”

回响：“在这片古老的土地上，到处都有青春的力量”

10月金色的暖阳下，一切都如此寻常。当音符在指尖跳动，曲调在空气中流淌；舞鞋在地面轻点，裙摆在秋风中飞扬，一场视听盛宴就这么悄然上演。路人纷纷投来好奇的目光，驻足观看，拿出手机按下快门，定格了青春的模样……无论多少次打开这个视频，大学生艺术团的成员们都热血沸腾。

最后一个音符落幕，在掌声与闪光灯里，青年们相视一笑，悄然退幕。这因他们而存在的舞台又一次归于平静，但在青春的校园里，在交大人的心里，这个舞台永远鲜活。在这片古老的土地上，到处都有青春的力量。

这场快闪活动画上了一个圆满的句号，所有的付出都得到了回响，所有的委屈也被欣喜取代。微信推送下一条条赞许，认识的朋友竖起的大拇指，交大同学们的朋友圈活跃着他们的身姿，是对他们最大的肯定。周坤鹏笑着说："真的很享受这场演出带来的成就感，我们好像给祖国母亲献上了一件'不得了'的礼物，我们感到非常自豪。"何苗苗赞同道："最终的视频效果真的很震撼。在视频完成的第一时间，我就给我的亲朋好友都发了一份，我真的为之感到骄傲和自豪。"

这场在SITP平台上稍纵即逝的快闪演出是一次青春的尝试，青年们不负韶华，不吝深情，以青春之名为祖国献礼。这份心意在一次次点击与浏览中被不断着墨，在一个个观看者的心中被赋予新的生命。而这份对祖国的款款深情亦会永远回响在交大校园，绝不"快闪"。

记者｜唐聪睿　王宇哲　马芷荃

编辑｜刘劲楠

《习语青声》：点线面交织出的青年之声

——SITP优秀成果展示

“习大润语，青年发声啦！”

色彩交织间荟萃习思焦点，活泼节奏中宣扬交通强国，这是一群带着信念与勇气的青年，这是思想与灵感彼此碰撞的灿烂火花——这是《习语青声》。

SITP项目《习语青声》由西南交通大学习近平新时代中国特色社会主义思想学习研究会（简称‘习思会’）制作，是国内高校“习近平新时代中国特色社会主义思想”学习类社团中首个微视频原创动画。该系列动画以学习贯彻习近平新时代中国特色社会主义思想为主题，凭借轻松活泼的表达方式、每集3分钟解读新思想的内涵，展现西南交通大学学子迎接新时代的热情与活力。

5位带着满腔热血与强大脑洞的青年在SITP项目这个平台相聚，他们都有着同一个目标：要突破重重屏障，用人们最容易接受的方式解读十九大，传播新思想。

青年们带着梦想和笔杆出发了，踏上了一条不断“超越维度”的征途。

点——迸发如奇点

“大家都是‘习思会’的成员，听说要开始做SITP项目，我们几个就在一起组队了。”作为‘习思会’的会长，2016级公共管理与政法学院陈鑫回忆起这个小组成立之初的情形，与队员们会心一笑。

面对广大思想活跃、不囿陈规的新时代大学生，《习语青声》亦没准备走老路，而是对“当代青年”这个关键词做出了自己的判断与选择：他们选择用动画的新形式，宣传十九大精神，解读习近平新时代中国特色社会主义思想。“现代青年喜欢有趣味的东西，而动画作为一种亲民的形式，更容易被年轻人所接受。并且我们的内容里包含大量理论和数据，用动画可以很好地展示出来。同时，动画易于保存，可以反复观看，这份努力的影响力也会随之扩大。”

这个难得的点子并非他们的“一时起意”，而是在‘习思会’上一届学姐学长的笔下便早有雏形。5位青年汇聚在一起，带着学姐学长的未完成与指导老师的期望，从这个小小的起点开始，不断耕耘。

就像一个奇点，体积虽然无限小，却能够由此引申出无穷无尽的内容。

线——绵延成图线

青年们怎么会满足于一个点？他们摩拳擦掌，从这个点开始，一勾一挑，势不可挡。

“我们团队由文案创作、统筹沟通、图片收集以及进度监督几个部分组成，彼此配合，互相协调。”5个青年各有所长，分工明确，面对偌大一个项目跃跃欲试亦有条不紊。

满腔热血，万事俱备。这是他们洋洋洒洒的第一笔墨迹。

微动画的形式已经确定，但是每一集叙述什么，如何去宣传新思想，怎样设计情节更引人入胜仍是空白。他们知难而上，经过商讨决定前三集分别从国家、交大、学生3个层次体现新时代新思想。第一、二集分别介绍了十九大以来我国各种政策的改变以及交大响应国家“交通强国”战略做出的伟大贡献。

《习语青声》动画每集只有短短的3分钟，总让观看者意犹未尽。这份精彩虽短，支撑它的却是夜以继日的努力。“剧本反反复复改了不下10次，才有了第一集和第二集的完整文稿。就是这样反复雕琢，甚至改得大家都觉得很烦躁了才能出一集视频。”一稿又一稿文案的完成与返工，一次又一次与指导老师沟通，他们笑称自己“时刻秉承着一星期熬7天的精神”，只为那3分钟的耳目一新。

当回忆起整个过程中的种种艰难险阻，2017级公共管理与政法学院的张鑫感慨道：“我曾经一度认为自己可以独自做完所有工作，但结果时间上和能力上都达不到，这时我才知道拥有一群队友是多么重要。当一项工作遇到瓶颈时大家就会过来建言献策，帮忙修改，也只有这样工作才能继续。”

坚持不懈，通力合作。这是他们铿锵无悔的第二笔印痕。

在不断修改文案的过程中，大家逐渐发现了自身理论知识的欠缺与不足，为了达到更好的视频效果与宣传力度，团队成员一丝不苟，将这个SITP项目当作一个学习的平台。2017级公共管理与政法学院的陈泽东回忆道：“十九大报告、新华网、共青团的公众号等能利用的资源我们都仔细学习研读了，一方面是想把视频做得更丰富饱满，另一方面对自己也是一个学习积累的过程。”

在第一集文案交予视频制作公司后，色彩搭配和情节上的制作效果不尽如人意，面对需要重新调整的方案和视频制作公司提价的要求，团队加班加点，陈鑫亦多次和学校、视频公司双方沟通协商，终于将价格谈妥，让整个项目渡过难关。“真的是谈了很久很久，但是为了更好的效果，怎样都是值得的。”

臻于完美，寸步不让。这是他们遒劲有力的第三笔线条。

至此，那小小的点已经绵延成线，挥洒自如。

面——承载着期望

青年们奋力耕耘着，终于在秋冬之际结下硕果。

“第一次看自己的动画成果时真的很开心，边看边笑出了声。”

心中满怀着对动画最终效果的期待，每次视频在官方媒体上发布之后，团队里的成员都会立马转发到朋友圈和各种各样的聊天群里。“不仅仅是让大家知道我们做了什么样的工作或者做出了哪些成果，更是给大家一个了解国家时事和我们学校的渠道。”陈泽东不无自豪地说道。“看到这个题目的人第一反应都是觉得它太过于正统，但在我们的引导下仔细看完整段视频后，他们都给出了好评。”

跳脱而不失严谨的口吻，精心拍摄挑选的图片，仔细斟酌的情节节奏，这正是他们所期待的——用最平易近人的方式，让更多人有兴趣了解新时代新思想，看到交大为“交通强国”战略做出的伟大贡献。

“很多朋友看到第二集中的交通强国的内容时，都赞扬原来交大这么厉害，为国家的发展做了如此多的贡献。一个素来不太关心时政的同学在看过我们的动画后，还主动找我讨论关于‘交通强国’的事情。”张鑫兴致勃勃地说起自己得到的反馈，言语之间尽是欣喜。

那一根根热情有力而充满思想的线汇聚在一起，借一个个观众的眼与口延伸到五湖四海，穿梭在人群之间，不知不觉早已紧实如面，承载着这5个青年的初心与努力，笼罩在这广远的晴空。

律动——挥舞着臂膀

“这个SITP项目可能会结束，但《习语青声》并不只有三集，它会一直跟着时代做下去。”

这是他们坚定的承诺与信念。

攻坚克难，熬夜改稿，不怨怼，不后悔，如果要问是什么支撑着这个挑起重担的团队跨越千山万水，突破重重维度，大概是他们心中始终站在高地的理想。

“不忘初心、牢记使命。同学们总觉得幸福理所应当。但其实是有上一代人为我们创造的条件我们才能这么幸福。国家给了我们这么多，我们应当有回报的想法。国家是最伟大的母亲，无私奉献了这么多，我已经20岁了，这20年过得很幸福，如何让我们的未来更幸福，这应该是每一个青年都要思考的事情。我希望同学们感受到正能量、使命感和担当，为国家而奋斗。”

听到张鑫如此回答对SITP项目的感悟，仿佛能看到一位振臂高呼的青年，在风口浪尖，在熙熙攘攘的最前端，披荆斩棘为这个时代捧出一颗炙热真诚的心的憧憬。而此般勇士绝非1位，也绝非5位，在交大校园中，在这个新时代下，自有万千青年如他们一样，如此诚挚地憧憬着，努力着！

而在《习语青声》的一帧帧动态里，你看得到带着希望扑向众人的面，看得到面中蕴含的丝丝缕缕的奋斗与情谊，更看得到每一个人、每一个点澎湃的力量与无限可能。点线面交织出的图景在你的屏幕前律动着。

“习大润语，青年发声！”

记者｜李成杰　刘姿兰　赵婧平

编辑｜赵婧平

后　记

21世纪20年代的第一个年头，西南交通大学继续将它124年的战线延伸着。漫长，也丰硕。这期间经历的风霜雨雪都已落为回忆，被记录在校史中，也被镌刻在“竢实扬华、自强不息”的交大精神里。现如今，最年轻的交大一代仍秉持着“竢实扬华”精神，披星戴月，勇往直前。

新一代的交大青年们始终在追寻光和热的路上，他们不怕无边海洋的吞噬，只管紧握手中的罗盘。还记得他在“隧”月间追求极致，向全满绩冲刺；还记得她坚持当一个捞月亮的人，跳一支最纯粹的舞；当然也记得那个用AI（人工智能）做足球梦的少年和许许多多经过你身边的平凡背影。其实这本书中的每一个青年都同这本书前的你一样，奔跑在夏日傍晚的热风中，期待着一场又一场令人惊喜的梦。

也许你会在翻阅这本书的某个片刻听到脑海中“嗡”的一声，那么我想，就在这个时候，你的身影也投射在了这本书上。不是书中的优秀榜样吸引着你，而是你们共同的热血与倔强带来了这次奇妙的际遇。也许你会惊羡于他即将溢出的简历表，但究其根本你只不过是差了一些时间，在潜心积累和努力沉淀后，简历表也就不再是天平上的砝码了。也许你偶尔也会慨叹别人“一览众山小”的宽宏与潇洒，而当在这条路上经历过一些颠簸和平稳后，那般气度便现出了原形——“大概是历经世事后的自然变化罢”。

这本书背负的希冀颇多。希望你们能对某一句话有所触动，而找到那一份硬着头皮走下去的动力；希望你们能在某个人物身上找到自己的影子，攫取一丝丝关关难过关关过的毅力；希望……

希望你永远成长着。